DIE MONTAFONERIN

Christina Arnold

DIE MONTAFONERIN

Auf den Spuren weiblicher Lebenswirklichkeit vom 16. bis zum 21. Jahrhundert

Sonderband 6 zur Montafoner Schriftenreihe

Die Drucklegung wurde unterstützt von

Amt der Vorarlberger Landesregierung
Abteilung Kultur
Abteilung Frauen
Sparkasse Bludenz
Vorarlberger Illwerke AG
Montafonerbahn AG
Bundesministerium für Wissenschaft und Forschung in Wien

Herausgeber der Montafoner Schriftenreihe und der Sonderbände

Heimatschutzverein Montafon
Dr. Andreas Rudigier
A-6780 Schruns, Kirchplatz 15
museen@montafon.at

Anschrift der Autorin

Mag. Christina Arnold
A-6092 Birgitz, Rissach 2a

Druck

BuLu – Buchdruckerei Lustenau GmbH
Millennium Park 10, A-6890 Lustenau

Birgitz 2008

ISBN: 978–3–902225–32–0

Für meine Eltern und Tante Edith

Danksagung

Herzlichen Dank für die Anregungen und Informationen sowie die Zurverfügungstellung von Materialien an Herrn Dr. Andreas Rudigier und dem Montafoner Museumsverein.

Aufrichtigen Dank an Herrn Univ. Doz. Dr. Wolfgang Weber MAS für die Lektüre des Manuskripts, die Anregungen und Hilfestellungen.

Ganz besonderen Dank den Montafoner Frauen, die Einblick gegeben haben in ihre Biographie.

Besten Dank den Sponsorinnen und Sponsoren für die Ermöglichung der Drucklegung.

Inhaltsverzeichnis

DIE MONTAFONERIN

Unser Bewusstsein hat sich im Laufe der Evolution außerordentlich stark in das hineinentwickelt, was wir männliche Wesenszüge nennen. Unterscheidung, Logik, Abgrenzung, Durchsetzungsvermögen, brutale Dominanz, Macht, Kampf. [...] Mehr weibliche Elemente könnten unser menschliches Zusammenleben sehr erleichtern. Sie sind in der patriarchalen Zeit überfremdet worden, vielleicht müssen sie aber auch erst neu entwickelt werden. Weiblichkeit ist verbunden mit Intuition, mit Fühlen, mit Offenheit und ganzheitlichem Erfassen, mit Schauen, Empfinden, Zuwendung, Kommunikation, Fürsorglichkeit, Hingabe und Liebe. Vorsorgende und fürsorgende Qualitäten werden in unserer Gesellschaft zu wenig anerkannt, um nicht zu sagen herabgesetzt. [...] Wenn hier von weiblichen Elementen gesprochen wird, dann hat das mit Mann und Frau zu tun. Beide Geschlechter haben ein Defizit.

Willigis Jäger

Die Montafonerin – *D'Muntafuneri*
Zum Geleit

Als im Herzen des Montafons geborene und aufgewachsene, seit vielen Jahren in Tirol lebende Mittvierzigerin möchte ich in diesem Büchlein meinen Blick auf den breitgefächerten Aspekt der Lebenswirklichkeit von Frauen im Montafon richten, auf das, was *die* Montafonerin ausmacht/ausgemacht hat. Meine diesbezügliche Recherche führt dabei

- über Dialektbezeichnungen, die speziell und zum Teil ausschließlich für Frauen verwendet werden/wurden,
- über die im Laufe der Jahrhunderte geprägte Kleidung, die Tracht, wie wir sie heute kennen,
- über Dokumente, die etwas über die Aufgabengebiete von Frauen im Montafon vom 16. bis zum 21. Jahrhundert aussagen,
- über Dokumente, die Informationen über sonstige Elemente weiblicher Lebenswirklichkeit geben,
- über Gespräche und Interviews mit Montafonerinnen von heute.

Dies ist keine wissenschaftliche Studie. Dazu ist der Themenbereich viel zu weit gesteckt. Meine Absicht ist es, ein paar stimmige Eindrücke von der weiblichen Lebensrealität im Montafon zu vermitteln und Rückschlüsse auf das weibliche Ideal beziehungsweise auf charakteristische Eigenschaften der Montafonerin zu ziehen. Mir ist klar, dass es *die* Montafonerin nicht gibt, und dass eine Typologisierung der Fülle von weiblichen Eigenschaften kaum gerecht werden kann. So beschränkt sich mein Anspruch darauf, ein paar Grundzüge herauszuarbeiten. Grundlage meiner Ausführungen sind historisch gesicherte Quellen, Gespräche und Interviews mit Frauen, Zeitzeuginnen und Zeitzeugen sowie persönliche Wahrnehmungen und Deutungen.

Das Montafon ist ein Tal südlich von Bludenz, das sich von Stallehr bis Partenen erstreckt und 16 Ortschaften umfasst:

Stallehr, Lorüns, St. Anton, Vandans, Gantschier, Bartholomäberg, Innerberg, Tschagguns, Latschau, Schruns, Silbertal, St. Gallenkirch, Gargellen, Gortipohl, Gaschurn und Partenen.

Urkundlich ist der Name „Montavun" um 1240 erstmals erwähnt. Seine Bedeutung wird von einer Urkunde des Jahres 1319 hergeleitet, in der es heißt: „Argentifodina seu mons dictus Montafune", was zu deutsch „Silbergrube oder Berg, genannt Muntafun" heißt. Andere Übersetzungen sprechen von „Tobelgebirge" oder „Brunnental".[1]

[1] Vorarlberger Walservereinigung (Hg.): Salzgeber. Eine alpenländische Chronik (= III. Rätikon – Montafon – Schruns). Rankweil 1981, S. 88 f.

Die traditionelle Kleidung der Montafonerin – die Festtagstracht

Zwei *Schäppelmeiggana*
vor altem Montafonerhaus in Vandans
März 2007

Betrachten wir die über die Jahrhunderte geprägte Frauenbekleidung, die in der Montafoner Festtagstracht, wie wir sie noch heute kennen, ihren Höhepunkt fand. Auf den Votivbildern[2] der Montafoner Gnadenstätten kann man sehr gut erkennen, wie sich die Tracht im Laufe der Jahrhunderte verändert hat. Aber wir sehen auch, dass sie nur in bescheidenem Umfang modischen Einflüssen unterlag. So dürfen wir annehmen, dass es sich bei der heutigen Tracht um ein Kleidungsstück handelt, das aus der Kultur und dem Lebensgefühl der Menschen dieses Tales heraus gewachsen ist. Die Tracht ist also ein relativ authentischer Spiegel von über einen langen Zeitraum gelebten Werten, Moralvorstellungen und Schönheitsauffassungen. Ein Spiegel, der stimmige Rückschlüsse auf das (einst) vorhandene Frauenideal zulässt.

[2] Klaus Beitl: Die Votivbilder der Montafoner Gnadenstätten (= Montafoner Schriftenreihe 7). Schruns 2002.

Die Mädchen- und Frauentracht (alle Schwarz-Weiß Fotos von Erika Groth-Schmachtenberger aufgenommen im Jahr 1938[3])

Mädchentracht

Weiße lange Ärmel und Krönchen

[3] Groth-Schmachtenberger, Erika <1906-1992>: [Fotosammlung]: Trachten, Trachtentänze, Teil III. – Sammlung Teil 19, 1933-1971. Quelle: www.digbib.bibliothek.uni-augsburg.de – Abgerufen im Jänner 2007.

Weiße lange Ärmel und Krönchen

Die noch unverheirateten Mädchen trugen bis zur Heirat, wie auf den Bildern sichtbar ist, eine Bluse mit langen weißen Ärmeln und auf dem Kopf das *Schäppele* oder *Krönele*, als Zeichen des unverheirateten Standes. Die langen, weißen Ärmel lassen keine nackte Haut am Arm erkennen und symbolisieren die Tugendhaftigkeit, Reinheit und Unschuld des Mädchens beziehungsweise der jungen Frau. Das Krönchen, das nur zu kirchlichen Festen getragen wurde, ist mit einem roten Band auf dem Kopf befestigt. Die Haare sind aus dem Gesicht frisiert und ursprünglich zu Zöpfen geflochten. Das jugendliche Gesicht des Mädchens kommt mit diesem Kopfschmuck in seiner ganzen Anmut zur Geltung. Die rote Farbe steht allgemein für Leben, Lebendigkeit und Liebe und wiederholt sich auch in den Strümpfen, die unter dem langen Rock hervorschauen. Das Krönchen kann als Zeichen von Würde und Respekt gesehen werden, in Anlehnung an die Bedeutung der Krone in Königshäusern, die den König und seine Familie vor allen anderen Menschen auszeichnet und eine Insignie der Macht darstellt. So können wir annehmen, dass dem Mädchen in der Dorfgemeinschaft Ansehen entgegengebracht wurde. Mit dem Weiß der langen Ärmel, dem Rot des Haarbands und der Strümpfe signalisierte es: Ich bin unschuldig, rein, lebensfroh und zur rechten Zeit bereit für die Liebe.

Mädchen- und Frauentracht

Das Mässle und die Pelzkappe

Das Mässle

ist benannt nach der zylindrischen Form des Kornmaßes. Die Frau trug diese aus schwarzem Filz gefertigte Kopfbedeckung ebenfalls zum Kirchgang. Die Haare werden fast zur Gänze unter der Haube verborgen, sodass das Gesicht durch nichts verstellt wird und sich klar und offen der Welt zeigt. Auffallend ist die recht stattliche Höhe dieser Kopfbedeckung (zirka 20 cm), die oben weiter wird und mit Ziegenhaar geschmückt ist. Sie lässt die Frau größer erscheinen, stolz und aufrecht, aufgeräumt und beinah unnahbar. So dürfen wir interpretieren, dass die Montafonerin mit großer Wahrscheinlichkeit eine wichtige und anerkannte Stellung in der Gemeinschaft genoss. Sie steht dem Mann mit seinem schwarzen Zylinderhut in nichts nach. Bei aller Strenge, die diese Kopfbedeckung ausdrückt, ist doch die Weite und Verspieltheit am oberen Ende auch ein möglicher Hinweis auf die modische Aufgeschlossenheit der Montafonerin. Das Ziegenhaar deutet auf ihre Verbindung zu diesem Haustier hin. Möglicherweise besteht auch ein Zusammenhang mit dem altnordischen Mythos der Göttin Freya, die die wonnige Jahreszeit wiederbringt und die Wiesen und Felder erneut ergrünen lässt. Ihr ist die Ziege als Symbol der mit dem Frühling zunehmenden Fortpflanzungskraft geweiht. Die namentliche Verbindung der Kopfbedeckung mit dem Kornmaß – *Mässle* – lässt auch an die Fruchtbarkeit der Getreidefelder denken.

Die Pelzkappe

(Pommera) ist aus braun-schwarzem Fischottern- oder Biberpelz gefertigt. Sie wurde nur bei besonderen Anlässen getragen wie hohen kirchlichen Feiertagen (zum Beispiel an Fronleichnam) und als Braut (wenn sie nicht das *Schäppele* tragen wollte). Die ovalrunde, voluminöse Form und das edle Material dieser Kopfbedeckung unterstreichen die weibliche Anmut und natürliche Schönheit der Trägerin und lassen sie bedeutend, vermögend und einflussreich erscheinen. Da die Pelzkappe vornehmlich von der verheirateten Frau und der Braut (= *Spausa*) getragen wurde, und das Heiraten gesellschaftlich hoch angesehen und erwünscht war, gewinnt die Frau durch diese Kopfbedeckung ein nicht zu unterschätzendes Prestige.

Der Sanderhut

Neben den oben genannten Kopfbedeckungen hat sich der Sanderhut (benannt nach dem Schrunser Hutmacher und Erzeuger namens Sander) Ende des 19. Jahrhunderts als Trachtenhut durchgesetzt. Dieser Hut zeigt, dass die Montafonerinnen sich selbstbewusst modische Spielräume eröffneten und es verstanden, mit dem Zeitgeist zu gehen. Beseelt von der Liebe zu neuartigem Schick und bewegt von der Sehnsucht zu gefallen, waren sie offen und bereit für Veränderungen. Der Sanderhut verzichtet mit der Goldstickerei am unteren Hutrand nicht auf die gewohnte noble Vornehmheit und Stattlichkeit.

Brusttuch und Brisnöstel

Das Brisnöstel dient dazu, den Oberkörper der Frau so zu betonen, dass die Brust und die Taille gut zur Geltung kommen. Der an der Taille angesetzte ausladende und reich gefältelte Rock (= *Juppa*) vollendet die feminine, von lieblichen Rundungen geprägte Silhouette der Frau. Weiblichkeit, wenn auch gut verhüllt, ist gefragt – im Gegensatz zum heutigen, ultraschlanken Schönheitsideal. Nackte Haut wird nicht gezeigt, außer an den Händen und im Gesicht. Trotzdem kommt die Erotik nicht zu kurz, denn das aus schwarzem Samtstoff gefertigte und mit bunten Blumenornamenten bestickte Brusttuch ist ein reizender, sinnlicher Blickfang. Die Frauen haben früher ihr Brusttuch meist selbst bestickt und ihrer Tracht damit eine ganz persönliche Note verliehen. Heute üben nur wenige Frauen dieses arbeitsintensive Kunsthandwerk aus.

Rock (= Juppa) und Schürze (= Schoß)

Montafonerin von Franz Bertle (1859); Vorarlberger Landesmuseum, Bregenz.

Der Rock ist ein aus – ursprünglich meist rostrotem, später aus schwarzem – Wollstoff gefertigter Tragmiederrock, der durch die vielen Falten an der Taille unten sehr weit ist. Er bedeckt die ganzen Beine und gibt nur die Füße und Fesseln frei. Die dazu gehörenden Strümpfe sind rot. Nur in der Trauerzeit trägt die Frau schwarze Strümpfe. Am unteren Ende des Rockes ist ein grünes, später ein schwarzes Samtband aufgenäht, sodass die ausladende Weite des Rockes gut sichtbar bleibt und die Fesseln der Frau sanft umspielt. Die Schürze der Festtagstracht reicht um den ganzen Körper herum und wird hinten in der Taille zusammengehalten. Sie ist ein paar Zentimeter kürzer als der Rock und aus einem rot, blau oder grün schimmernden Seidenstoff gefertigt. Der kostbare Stoff der Schürze hat nicht mehr die Funktion, das Gewand zu schützen, sondern ist ein Symbol der Vornehmheit und Eleganz der Montafonerin geworden. Die schillernde Farbenpracht spiegelt ihre Lebensfreude und Leidenschaft.

Glögglitschopa und Schlutta

Glögglitschopa

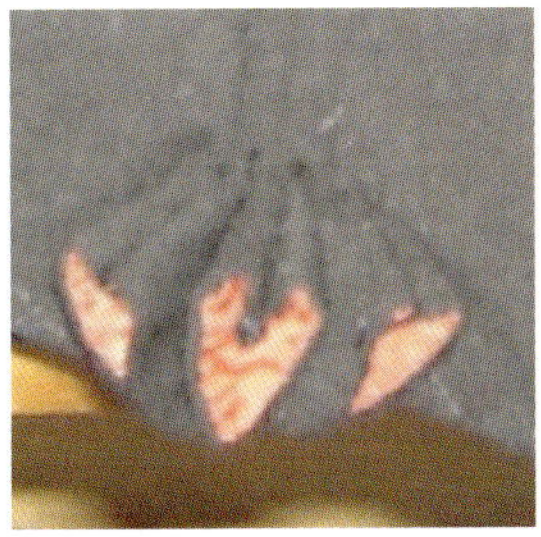

Glöggli

Zur Tracht gehören auch noch die folgenden typischen Elemente: *Glögglitschopa* (= schwarze kurze Jacke mit Glöckchen an der Rückseite unten) und *Schlutta* (= schwarze Jacke, die auf der Rückseite unten in eine Spitze verläuft). Der *Glögglitschopa* wurde nur zu ganz festlichen Anlässen getragen. Die Besonderheit dieses Kleidungsstücks ist neben den schön bestickten Ärmelstulpen mit Sicherheit das Glöckchen. Was mag dieses verspielte Accessoire bedeuten? Vielleicht ist es nur ein modischer Gag, aber vielleicht hat das Glöckchen auch eine religiöse Bedeutung, zumal es vom Namen her an Glocken erinnert. Das Glockengeläut der Kirche hat früher die Tagesstruktur der Menschen im Montafon geprägt. Es teilte die Zeit ein in eine Zeit, die Gott gehört, und in eine Zeit, die den Menschen gehört. Die Glocken läuteten zur Ehre Gottes. Im Mittelalter diente das Glockengeläut auch dem Bann böser Mächte. Das Totenglöckchen verkündet heute noch den Tod eines Menschen. Bedenken wir diesen breiten Bedeutungshintergrund, so könnte das Glöckchen auf der Festtagsjacke darauf hinweisen, dass die Trägerin ihre Zeit an diesem besonderen Festtag ganz und gar Gott widmet; dass sie Gott die Ehre gibt. Diese Jacke zeichnet auch die Trägerin als etwas Besonderes aus, als Frau, die Respekt verdient.

Rückschlüsse auf das weibliche Ideal

Zusammenfassend lässt sich über das in der Tracht zum Ausdruck gebrachte Idealbild Folgendes sagen: Die Montafonerin ist eine starke, aufrechte Frau, die über Anmut, Liebreiz und Vornehmheit verfügt. Sie schaut selbstbewusst, lebensfroh und offen in die Welt und zeichnet sich in der Gemeinschaft aus durch ihre Tugendhaftigkeit, Religiosität und Achtbarkeit. Die Frau ist angesehen und dem Mann ebenbürtig.

Die Montafoner Festtagstracht war untrennbar mit dem religiösen Festtagskreis, der im Montafon katholisch geprägt war beziehungsweise ist, verbunden. So wurde die Festtagstracht von den Frauen und Mädchen an Sonntagen, religiösen Festen im Jahreskreis und festlichen Anlässen im Lebensrhythmus (Taufe, Brautzeit, Heirat, grüne / silberne / goldene Hochzeit, Tod und Trauer) getragen. Die Tracht war geradezu angetan, den religiösen Festen Glanz zu verleihen und somit auch Ausdruck tiefer Ehrfurcht vor dem Göttlichen und froher Dankbarkeit für das Geschenk des Lebens in seiner ganzen Vielfalt. Die edle schwarze Grundfarbe der Tracht steht für Ernsthaftigkeit, Seriosität und Respekt, die Buntheit und Verschiedenheit der verwendeten Farben und Stoffe für Lebensfreude und Fülle.

Heute ist die Tracht fast zur Gänze aus dem religiösen Festtagskreis verschwunden. Nicht nur die Tracht verschwindet, sondern auch die Menschen ziehen sich immer mehr aus der tradierten Religion mit ihren Festen und Bräuchen zurück. Von dem ehemaligen Glanz religiöser Feste, der durch die Kleidung unterstrichen wurde, ist nicht mehr viel übrig. Heute sind es Brauchtumsgruppen wie Trachtenverein oder Volkstanzgruppe, die der Tracht noch Leben einhauchen. Es gibt aber auch Bestrebungen von engagierten Frauen, die Tracht im sakralen Bereich, das heißt, an besonderen Festtagen wieder zu tragen. Die Landtagsabgeordnete Gabi Juen organisiert mit dem Montafoner Heimatmuseum seit 2005 einen eigenen Trachtenstammtisch für Frauen im Montafon, der sie motivieren soll, wieder öfter die wunderschöne Tracht zu tragen. Neben religiösen Festen bieten sich auch kulturelle Veranstaltungen und Anlässe zum Tragen dieses traditionellen Kleidungsstückes an. Heute gehen Mädchen und Buben im Montafon gerne in der Tracht zur Erstkommunion. Danach sieht man die Erstkommunionkinder allerdings kaum noch in der Messe.

Der Verlust kirchlich eingebundener Frömmigkeit hat nicht unmittelbar mit dem Verzicht auf das Tragen der Festtagstracht zu tun. In der zweiten Hälfte des 20. Jahrhunderts, als bereits die überwiegende Mehrheit der Kirchgängerinnen und Kirchgänger zivile Kleidung trug, wurde ganz klar zwischen *Sonntigs-* und *Wärchtigshes* unterschieden. Das *Sonntigshes* bestand aus *Sonntigskleid* bei der Frau und *Sonntigsazug* beim Mann sowie aus *Sonntigsschuah*, *Sonntigsmantl* usw. Jugendliche von heute wissen mit diesen Begriffen nichts mehr anzufangen. Zum *Sonntigshes* wurde das neue, schöne Gewand erklärt, das nur zu festlichen Anlässen getragen und besonders geschont wurde.

Blicken wir aber noch einmal auf die Zeit, als fast alle Menschen, insbesondere die Frauen, in der Dorfgemeinde beziehungsweise im Tal die Festtagstracht trugen, dann stellen wir fest, dass die Menschen damals nicht nur sehr stark auf die Religion, sondern auch auf die Gemeinschaft hin orientiert waren. Das Tragen gleicher beziehungsweise ähnlicher Kleidung förderte ein ausgeprägtes Zusammengehörigkeitsgefühl. Mit der Tracht kommunizierte jede Person mit der Gemeinschaft. Sie brachte beispielsweise folgende Botschaften für jeden ersichtlich zum Ausdruck:

Ich gehöre dazu. Ich bin Eine oder Einer von Euch.
Ich bin ledig oder verheiratet.
Ich bin Witwe oder Witwer.
Ich bin in Trauer.

Diese Aussagen beeinflussten das Verhalten der anderen und waren bis zu einem gewissen Grad richtungsweisend für einen förderlichen Umgang miteinander. Der Raum für Individualität und alternative Lebensweisen war bestimmt nicht so ausgeprägt wie heute, vor allem nicht für Frauen. Doch verstanden sie es, ihre Freiheiten mehr oder weniger auch in einem fest gefügten Rahmen zu leben. Dies lässt sich aus dem individuellen Akzent, den sie ihrer Festtagstracht bei der Farbwahl der Schürze, bei der Gestaltung diverser Elemente (Brusttuch, Bänder, Leibchen, Ärmelstulpen) mit Stickereien gaben, schließen.

Montafoner Ausdrücke zur Bezeichnung weiblicher Eigenarten

Die Sprache ist ein Spiegel der Kultur, des Denkens, der Lebensweise von Menschen einer bestimmten Region. Sprache ist immer in Veränderung und Entwicklung und dieser Prozess verläuft im Rhythmus des gesellschaftlichen Wandels. Sprache – insbesondere die gesprochene Sprache – passt sich an. Sie ist lebendiger Ausdruck dessen, was wirklich ist, was die Lebenswirklichkeit der Menschen in einem geographischen Gebiet ausmacht. In der von Manfred Dönz zusammengestellten Sammlung von Montafoner Dialektwörtern und Sprüchen[4] wird beispielsweise deutlich, dass die Menschen dieses Tales ganz und gar von einer tiefen Beziehung zur Natur und einer landwirtschaftlichen Kultur geprägt waren – sicher bis Anfang des 20. Jahrhunderts herauf.

Viele der im Folgenden genannten Begriffe sind dabei, aus dem aktiven Wortschatz der Menschen im Montafon zu verschwinden. Man weiß zwar noch, was sie bedeuten, aber verwendet werden sie eigentlich nicht mehr oder nur noch von einer immer kleiner werdenden Bevölkerungsschicht. Martina Hofer, die in ihrer Diplomarbeit den Montafoner Mundartwortschatz in den Gedichten Otto Borgers untersucht hat, kommt zu dem ernüchternden Ergebnis: „Es ist wahrlich keine Schwarzmalerei, wenn man voraussagt, dass in einigen Jahrzehnten der Großteil des spezifisch Montafonerischen Mundartwortschatzes nicht mehr im Gebrauch und damit auch bald gänzlich vergessen sein wird. Zu stark scheinen die Einflüsse von außen zu sein, die aufgrund der veränderten Lebensbedingungen auf die Sprecher einwirken. Die bereits eingesetzte Nivellierung der Sprachvariationen wird fortschreiten, die verschiedenen Dialekte, allen voran so eigentümliche wie das Montafonerische, werden einer überregionalen Sprache Platz machen."[5]

---

[4] Manfred Dönz, „Muntafuner Wärter, Spröch und Spröchli" (= Montafoner Schriftenreihe 4). Schruns 2001.

[5] Martina Hofer: Montafoner Mundartwortschatz in den Gedichten des Heimatdichters Otto Borger (= Diplomarbeit zur Erlangung des Titels einer Magistra der Philosophie am Institut für Germanistik). Innsbruck 1998, S. 115.

Aus diesem Grund möchte ich mit der Aufzeichnung der Dialektbezeichnungen für Frauen beziehungsweise Mädchen einen kleinen Akzent setzen wider das Vergessen – aus Liebe zur Schönheit und Einzigartigkeit dieses Tales und seiner Bewohnerinnen und Bewohner. Die Nivellierung des Montafoner Dialekts lässt sich damit nicht aufhalten, das ist klar. Aber vielleicht regt das eine oder andere in dieser eigenwilligen Mundart zitierte Wort ein wenig zum Nachdenken oder Schmunzeln an.

Ich bin keine Sprachwissenschaftlerin, und es ist auch nicht mein Anliegen, umfassend und wissenschaftlich fundiert ein Stück Sprachgeschichte zu dokumentieren. Es geht mir vielmehr darum, aus der zunehmend in Vergessenheit geratenden Vielfalt von Bezeichnungen für eine Frau, dem Typus der Montafonerin, nachzuspüren.

Eigenart des Montafoner Dialekts und der Menschen, die ihn geprägt haben

Das Besondere der gesprochenen Sprache, des Montafoner Dialekts, ist die Komprimiertheit von viel Inhalt in wenigen Worten. Es ist eine besondere Art von Wortkargheit. Die älteren Mundartsprecher bedürfen nur weniger Worte, um Essentielles verständlich auszudrücken. Zwischen den Worten ist Stille, wache Aufmerksamkeit im Hier und Jetzt. Gesagt wird, was gesagt werden muss und dann herrscht wieder Schweigen. Keine leeren Worte, nichts wird zerredet. Präsenz im Dasein. Ein Lebensgefühl, das in der beschleunigten Zeit der Gegenwart nur noch in ausgewählten Momenten zu finden ist. Die innere Ausgeglichenheit, in der der sparsame Umgang mit Worten wurzelt, hat nichts mit „cool sein", im Sinne von keine Gefühlsregung zeigen, zu tun. Es ist auch nicht Sprachlosigkeit und Verlust des direkten Kontakts zwischen Menschen gemeint. Nein, es geht um die Entfaltung einer außerordentlichen Bedeutungsfülle in einem Wort beziehungsweise in wenigen Worten. Ich wage zu behaupten, dass die alten Montafoner über eine subtile Eloquenz verfügten, die ihresgleichen sucht. Auf humorvolle Art wird diese besondere Eloquenz in manchen Sketchen veranschaulicht, in denen der Wortreichtum des deutschen Urlaubsgastes auf die Wortkargheit und regional eingefärbte Begrifflichkeit des Montafoners trifft.

Die im Folgenden erwähnten Titulierungen wurden vornehmlich Frauen gegeben und beinhalten in einem Begriff beziehungsweise einer Wortkombination eine klare Beschreibung der weiblichen Person. Auffallend ist dabei, dass die Bezeichnungen oft eine abwertende Bedeutung haben. Das erlaubt mir den Schluss, dass dahinter ein sehr hohes Frauenideal stand. Ein Ideal, das jede Abweichung mit Misstrauen belegte und benannte. Die wenig schmeichelhaften Bezeichnungen beziehen sich in erster Linie auf das Aussehen, die Intelligenz und das Benehmen einer Frau (eines Mädchens).

Der Vollständigkeit halber sei darauf hingewiesen, dass es auch für Männer eine Reihe von abfälligen Titulierungen und Schimpfwörtern gibt, wie: *Siach, Schafseckel, Koga, Triali, Lalli, Glonggi, Lomp, Süffl, Hosalotteri, Süderi, Sorri, Waggas, Schnorrawaggli, Gallöri, Tscholi, …*

Hauptwörter und aus Eigenschaftswörtern abgeleitete Hauptwörter

A Belligigi	eine in lautem und scharfem Ton sprechende Frau
A Bigotischi	eine frömmelnde Frau, die sich in die Religiosität hinein steigert und dadurch unglaubhaft wird

A Diffigi eine aufgeweckte, intelligente weibliche Person

A Drohtige

eine wie Draht so schlanke weibliche Person, die auch widerstandsfähig ist

A Fägnäscht ein sehr unruhiges, zappeliges Mädchen

A Freie eine angenehme, gutmütige, freundliche Frau

A Fruatigi eine äußerst aktive, sich ständig in Bewegung befindliche Frau

A Gietigi eine geizige weibliche Person

A Gschidla

eine sich übertrieben vornehm und wissend gebende Frau, deren Gehabe unecht und dadurch provokant wirkt

A Gstöbti

eine etwas verrückte, unangepasste weibliche Person (*Gstöb* sagt man, wenn eine Gruppe großer Tiere ganz plötzlich davon stiebt)

A Gugera — ein fröhliches Mädchen, das über alles lacht

An Efachs — eine bescheiden lebende, einfache Frau

An Egoschte — eine eigenbrötlerische, etwas sonderbare Frau; meist allein und in Abgeschiedenheit lebend

A Handtige — eine, die nicht lange zuschaut und offen und direkt ihre Meinung sagt

A Hehli (Höldi) — eine weibliche Person, die sich durch übertriebene, unaufrichtige Freundlichkeit bei anderen einschmeicheln möchte

A Herrische — eine Frau, die andere gerne befehligt

A Heulala — Schimpfname für eine weibliche Person; Heulala ist die verschärfte Form von Lala (= dumme, nicht besonders geschätzte weibliche Person)

A Hoorüla

eine weibliche Person, die ihre langen Haare ungebändigt ins Gesicht fallen lässt

A Katz	eine Frau, die begehrenswert ist
A Kommote	eine gemütliche, sehr umgängliche Frau
A Korzgschtompati	eine kleine, gedrungene Frau mit kurzen Beinen
A Krepfigi	eine äußerst sparsame, geizige Frau

A Larva

eine unattraktive Frau oder eine geschminkte Frau, die dadurch ihre natürliche Schönheit entstellt
(*a Larva* ist eine Maske)

A Liabi eine liebenswerte weibliche Person

A Lütaschühi eine weibliche Person, die sich ängstlich vor Menschen zurückzieht; der es schwer fällt, auf andere zuzugehen

A Mögigi eine nette und liebenswerte weibliche Person

A Närschi eine nach Männern verrückte Frau

An Otalosi

eine Frau ohne Temperament und Liebreiz

An Omtuaigi eine rührige, aktive Frau

An Polma

eine gedrungene, dumpfe und unsensible Frau, die auch geistig nicht sehr beweglich ist (*Polma* heißt Topfen)

A Potschati eine ungeschickte, unbeholfene Frau

A Ratschkachla eine Frau, die nichts für sich behalten kann und gerne mit anderen tratscht

A Repp eine unangenehme, zänkische Frau

A Ross / a Schüsslaross

eine große, plumpe, unfeine Frau

A Rühligi / a Rühla eine weinerliche, jammernde weibliche Person

A Schaffigi eine sehr arbeitsame, fleißige Frau

A Schlargga eine unordentliche, schlampige Frau

A Schnädara eine weibliche Person, die gerne und viel schwätzt

A Schnalla eine sexuell freizügige Frau, Dirne

A Schneidigi eine flotte, mutige Frau, die etwas weiter bringt

A Schnüdera ein Mädchen, das den Rotz in die Nase hinaufzieht

An Schraga

eine unattraktive, kantig wirkende Frau (*Schraga* ist ein Tisch oder Gestell)

An Tärpl eine hilflose, ungeschickte, geistig nicht sehr bewegliche Frau

A Trala eine eher einfältige weibliche Person, die langsam im Denken und Handeln ist

A Trommla

eine feste, dicke Frau

A Trümsla eine langsame, schwerfällige Frau

A Tschieggla eine weibliche Person mit schlurfendem, die Schuhe strapazierenden Gang

A Tschohla eine äußerst gutmütige, nachgiebige Frau

A Tschurla

eine einfältige Frau, die sich aufgrund mangelnder Intelligenz sonderbar benimmt

A Tüpflischisseri eine sehr genaue, pedantische Frau

An Ugmanti eine unfreundliche, gemeine Frau

An Ukeiti eine ungeschickte Frau

A Verstrettni eine Frau, die mit anderen schnell in Konflikt gerät und häufig streitet

A Wöndrigi eine neugierige weibliche Person

A Wüachischi eine raffgierige Frau

A Zanna

eine böse Frau mit wütenden, ärgerlichen Gesichtszügen

A Zehi — eine zähe, widerstandsfähige Frau

Weitere Bezeichnungen für Frauen oder Mädchen, bestehend aus Haupt- und Eigenschaftswort

A fuls Pflaster — eine weibliche Person, die durch ihre Faulheit und Arbeitsunlust auffällt

A guat Denglati — eine Frau mit geschliffenem Mundwerk (eine Sense wird gedengelt, damit sie gut schneidet)

A guat Ghomörti — eine frohgestimmte, stets gut aufgelegte, weibliche Person

A Herrgotts Meiggi — ein Mädchen, das durch ihren Mut und ihr Können beeindruckt

A mageri Gäß — eine magere, dünne weibliche Person

A subers Meiggi ein anständiges, tugendhaftes, hübsches Mädchen

A Wahnsinns Henna

eine attraktive, mit weiblichen Reizen ausgestattete Frau, die es versteht, Männer zu beeindrucken

An eschpers Wibli eine bewegliche, aufgeweckte ältere Frau

A fürbösas Wib eine böse, höchst reizbare, aggressive Frau

A leeri Kuah eine kinderlose Frau

A schnabligs Wibli eine Frau, die sich mit Worten und (unnützen) Kommentaren nicht zurückhält

Auf Frauen bezogene Redewendungen

Dia ischt i d'Hoffnig ko

sie ist schwanger geworden

Dia plogat dr ledig Uwilla

sie ist unverträglich, da sie noch ledig ist

Dia hot a Gschtell wia na Dachbrächi

sie hat eine steife Figur (*Dachbrächi* ist ein Holzgestell zum Schindeln spalten)

Dia hot Hor of da Zeh

diese Frau ist böse

Dia macht oh allig an Lätsch

diese Frau schaut immer unzufrieden

Des isch nu Wibergschwätz

das ist nur Frauengerede

***A Wib sött grad so gschid si,* dass sie noch dr Mäss wedr hem findt**

eine Frau sollte nur so gescheit sein, dass sie nach der Messe wieder heim findet

Dia ischt allig ofm Bäsa

diese Frau ist immer unterwegs und nicht zuhause bei ihren Verpflichtungen

Rückschlüsse auf das weibliche Ideal

Aus der Summe der Titulierungen und Redewendungen lässt sich folgendes Idealbild ableiten:

Die Montafonerin soll arbeitsam und fleißig sein, sie soll intelligent aber bescheiden, schlank aber mit weiblichen Formen ausgestattet sein, gutmütig, natürlich und freundlich, behände, friedliebend, nachgiebig, anpassungsfähig, mutig, attraktiv, ruhig, großzügig und ausgeglichen, ehrlich und aufrichtig, empfindsam und gleichzeitig zäh, sanftmütig und gläubig, taktvoll und zurückhaltend sein.

Großer Wert wird also gelegt auf ihre
- Geschicklichkeit – die Montafonerin soll auf keinen Fall zwei linke Hände haben, ungelehrig oder unbeholfen sein.
- Aussehen – die Montafonerin soll weder auffallen durch eine zu dicke oder zu dünne Figur, noch durch unkorrekte Bewegungen oder unkorrekte Kleidung beziehungsweise Frisur.
- Sprechverhalten – die Montafonerin soll auf keinen Fall zu viel reden. Wenn sie spricht, sollen vor allem freundliche und kluge Worte über ihre Lippen kommen.
- Liebenswürdigkeit und Humor – die Montafonerin soll auf keinen Fall zänkisch, aggressiv, raffgierig oder geizig sein.
- Frömmigkeit – die Montafonerin soll nicht frömmeln, aber die religiösen Normen gewissenhaft und in Demut erfüllen.
- Verehelichung – die Montafonerin soll heiraten, damit sie nicht unverträglich wird, und sie soll den Mann als Oberhaupt anerkennen.

Bei all den edlen Charakterzügen, die die Montafonerin ihr Eigen nennen sollte, sind Souveränität und Selbstbestimmung nicht gefragt. Dies ist ein Indiz dafür, dass die Vorstellungen, wie die ideale Montafonerin zu sein hat, sehr stark von der männlichen Sichtweise geprägt wurde. Inwiefern sich die Montafonerinnen von dieser Sichtweise in ihrem Verhalten beeinflussen ließen, ist damit aber nicht ausgesagt. Möglicherweise begegneten sie überzogenen männlichen Wunschvorstellungen und negativen Titulierungen mit Humor und Gelassenheit. Denn so leicht lässt sich die Montafonerin „net druß bringa," und sie kann auch „öbr sich sel lacha".

Kosenamen und Herkunftsbezeichnungen

Die Menschen im Montafon haben (hatten) eine auffallende Vorliebe für Verkleinerungsformen beziehungsweise Koseformen von Namen, insbesondere für weibliche Vornamen. Das heißt: an den Vornamen oder die Kurzform des weiblichen Vornamens wurde beziehungsweise wird die Nachsilbe „li" angehängt. Beispiele:

Kathrili (für Katharina)
Marili (für Maria)
Annili (für Anna)
Amreili (für Anna Maria)
Zischgili (für Franziska)
Thusneldili (für Thusnelda)
Lindili (für Linda, Rosalinde)
Bertili (für Berta)
Söfili (für Josefa)
Rosili (für Rosa)
u.a.

Diese Koseformen wurden und werden nicht nur für Mädchen verwendet, sondern ganz genauso für erwachsene Frauen. In diesen Formen kommt sehr viel Nähe, Sympathie und Zuneigung zu der so benannten Frau zum Ausdruck. Manche meinen vielleicht, dass Frauen, die solche Kosenamen trugen, nicht ernst genommen wurden. Aber dem ist nicht so. Selbst Männer wurden und werden mit solchen Kosenamen belegt. Allerdings wurden nicht so sehr die Vornamen dafür gewählt, sondern eher die Nachnamen oder die Berufsbezeichnungen.

Beispiele:

Ds Bruggerli	*Ds Vechdökterli* (für Tierarzt)
Ds Sprengerli	*Ds Bürli* (für Bauer)
Ds Marentli	*Ds Pfärrerli* (für Pfarrer)
Ds Netzerli	*Ds Schniederli* (für Schneider)
Ds Vonierli	*Ds Ofnerli* (für Ofensetzer)
Ds Stemerli	*Ds Postlerli* (für Postbeamter)

Bei Frauen sind mir auch zwei Berufsbezeichnungen in dieser Form bekannt: *ds Mägdli* und *ds Eierwibli.*

Noch eine Besonderheit in der Namensgebung von Frauen möchte ich erwähnen. Eine Besonderheit, die es heute so nicht mehr gibt. Früher wurde zur Namensbezeichnung, bei der heute zwei Wörter gebraucht werden, nur ein Wort verwendet. So wird heute vor den Nachnamen das Wort Herr oder Frau gestellt. Sagt man nur den Nachnamen, klingt das sehr unhöflich und respektlos. Früher gab es diese negative Konnotation nicht und man sagte für

Herr/Frau Bargehr	*dr Bargehr / d'Bargehri*
Herr/Frau Ganahl	*dr Ganahl / d'Ganahli*
Herr/Frau Walch	*dr Walch / d'Walchi*
Herr/Frau Kessler	*dr Kessler / d'Kessleri*
Herr/Frau Kieber	*dr Kieber / d'Kieberi*
Herr/Frau Sandrell	*dr Sandrell / d'Sandrelli*
usw.	

Damit traten die Frauen in ihrer weiblichen Eigenständigkeit vielleicht deutlicher hervor. Die weibliche Form des Nachnamens dokumentiert nämlich das klare und differenzierte Selbstverständnis von Frauen, in Abgrenzung von der männlichen Namensform. Das ist nicht selbstverständlich. So brauchte es intensive emanzipatorische Bemühungen, dass beispielsweise akademische Titel in Urkunden geschlechtsspezifisch formuliert werden (Doktorin beziehungsweise lateinisch Doctrix; Magistra). Diese Schreibung wurde erst in den 1990er Jahren eingeführt.

Sprachliche Änderungen gibt es auch in der Herkunftsbezeichnung von Personen. Früher war es im Montafon von Interesse, eine Person nach ihrer Herkunft im Tal zu typisieren. Heute, wo die Distanzen mit dem Auto so klein geworden sind, spielen diese Einteilungen keine große Rolle mehr.

A Taleri	eine Frau aus dem Silbertal
A Bergeri	eine Frau vom Bartholomäberg oder Innerberg
An Innerfrattneri	eine Frau aus der Innerfratte (= heute touristisch auch als Hochmontafon bezeichnet)
An Usserfrattneri	eine Frau aus der Außerfratte (das ist die Region von Schruns bis Stallehr)

Die Montafonerin im 16./17. Jahrhundert

Namen

In Urkunden aus dem Montafon ist belegt, dass Frauen eine weibliche Form des Nachnamens trugen.
Zum Beispiel: Christina Fielin (in einem Text von 1660, gefunden im Pfarrarchiv Bartholomäberg):

„Bartholme Lechtaler, sesshaft in St. Gallenkirch, und Christina *Fielin,* seine Hausfrau, stellen den Vorgesetzten, Steurern, Hofjüngern und der Landschaft Montafon einen Schuldbrief über 218 Gulden aus […].“[6]

Die Ehefrau wurde auch als Hausfrau bezeichnet, womit gleichzeitig ihr Tätigkeitsfeld, auf das ich im Folgenden noch eingehe, abgesteckt war. Interessant ist auch, dass die Montafonerin einst bei der Eheschließung ihren Namen beibehalten hat, wie auch in diesem Text aus dem Pfarrarchiv von Bartholomäberg von 1507 ersichtlich ist:

„Sigmund Barball, sesshaft zu Schruns, und Annle *Bregenzerin,* seine Ehefrau, verkaufen mit Hand des Simon Thoman, Untervogt zu Bludenz […].“[7]

Damals trug die ledige wie die verheiratete Frau also den Namen ihrer Herkunftsfamilie, das heißt den Nachnamen ihres Vaters in der weiblichen Form. Noch etwas wird in diesem Beispiel und ähnlichen Texten sichtbar: die Eheleute traten bei Rechtsgeschäften gemeinsam auf, was auf eine eheliche Gütergemeinschaft und damit auf eine materielle Gleichstellung schließen lässt.

---

[6] www.vorarlberg.at/archiv - Abgerufen im Februar 2007.
[7] Ebd.

Tätigkeitsbereiche der Montafonerin

Dass Männer aus dem Montafon als Handwerker (Maurer, Gipser, Stuckateure, Krauthobler) in großer Zahl in die Fremde – vornehmlich nach Frankreich – gingen, ist von Anfang 1600 bis zum Zweiten Weltkrieg historisch belegt. In St. Gallenkirch erzählt man, wie Ludwig Vallaster festgehalten hat, von über 200 Mann aus diesem Dorf. (Es wird leider nicht gesagt in welchem Zeitraum.) Männer aus Gaschurn und Vandans waren unter den Wanderarbeitern ebenfalls stark vertreten. Auch aus den Orten Schruns und Tschagguns zogen Männer fort: Um Josefi, also Mitte März, verließen sie ihre Heimat, und Mitte November kamen sie wieder zurück.[8]

Das ist eine lange Zeit, acht Monate, in denen die Frauen allein zurückblieben und am Hof alles, von der Aussaat bis zur Ernte, selbstständig erledigen mussten. Neben der vielen Arbeit hatten sie auch ihre Kinder zu beaufsichtigen, sodass sie auf Unpässlichkeiten aufgrund von Schwangerschaft oder Gefühlen der Einsamkeit, keine Rücksicht nehmen konnten. Das Leben verlangte ihnen sehr viel ab – und auch den Kindern.

Die Kindersterblichkeit war sehr hoch, und es gab auch öfter Totgeburten. Der Schmerz der Frauen und Männer über den häufigen Verlust eines Kindes führte wahrscheinlich auch zur Herausbildung des Brauchs, totgeborene Kinder in die Pfarrkirche nach Schruns zu bringen, sie dort auf den Altar zu legen und zu taufen. Erstmals nachweisbar ist dieser Brauch 1634. Die Menschen taten dies in der Überzeugung, dass in dem Kindlein dadurch das Leben noch soweit zurückkehren würde, dass die Taufe möglich sei.[9] Dabei spielte die offizielle Glaubenslehre der Kirche auch eine unheilvolle Rolle. Sie besagte nämlich, dass die Menschenseele nach dem Tod nur dann gerettet würde, wenn der Mensch noch zu Lebzeiten das Sakrament

[8] Ludwig Vallaster: Die Handwerker. In: Stand Montafon (Hg.): Montafoner Heimatbuch. Bregenz 1980, S. 607-645.

[9] Ludwig Vallaster: Religion und Kirche im Montafon. In: Ebd. S. 464.

der Taufe empfangen habe. Aus diesem Grund wurden damals die Kinder sofort nach der Geburt getauft. Wenn nun ein Kind totgeboren wurde, kam für die Eltern zu dem tiefen Schmerz über den Verlust des Kindleins noch die Trauer über das aussichtslose Schicksal (Verdammnis) der Kinderseele dazu. Dieser Glaubenssatz der Kirche behielt seine Gültigkeit bis in die heutige Zeit, obwohl er im Glaubensleben schon lange als veraltet angesehen wurde und an Wirkmächtigkeit verloren hatte. Papst Benedikt XVI. hat dennoch erst im April 2007 die katholische Vorstellung einer Vorhölle für ungetaufte verstorbene Kinder offiziell für überholt erklärt. Zur Begründung führte er an, dass der Ausschluss von unschuldigen Kindern aus dem Paradies der besonderen Liebe Christi für die Kleinen widerspreche.

In Anbetracht dieser Leiden war es vielleicht manchmal besser, die Hände voll zu tun zu haben, um nicht trübsinnig zu werden. Und die Frauen im Montafon hatten die Hände mehr als nur voll zu tun, selbst wenn der Mann zuhause war. Der Großteil der Bevölkerung lebte damals ja von der Landwirtschaft – sei es im Haupt- oder Nebenerwerb.

Das heißt, so gut wie jede Familie hatte damals eine Landwirtschaft. Zu den Tätigkeiten der Bauers- und Hausfrau gehörten: die Schafschur im Frühjahr und im Herbst, das Zerzausen (Kartatschna) der Wolle, das Spinnen der Wolle, das Nähen der Kleidung, das Stricken und Färben der Strümpfe und Handschuhe, die Flachsverarbeitung zu Linnen, die Trachtenstickerei, die Arbeit auf den Äckern, das Heuen der Wiesen, die Fütterung und das Melken der Tiere, das Bewirtschaften des Gemüsegartens, die Zubereitung der Speisen und die Vorratshaltung, das Dreschen des Getreides und das Brotbacken, die Reinhaltung des Hauses, die Verarbeitung von Milch zu Butter und Käse (Surakees), die Obsternte und Haltbarmachung des Obstes durch Trocknen, Einkochen, Essig ansetzen, Entsaften, die täglichen Arbeiten, wie Wasser vom Brunnen holen und Feuer machen, das Waschen der Wäsche und anderes.

Diese Aufzählung mag einen kleinen Einblick in die Vielfalt der Tätigkeiten von Frauen geben, sie sagt aber leider nicht aus, wie mühsam und beschwerlich die Arbeiten damals wirklich waren, wo alles noch von Hand unter Einsatz der Körperkraft und sehr einfacher Gerätschaft bewerkstelligt werden musste. Wo es keinen Elektroherd gab, und für jedes warme Gericht an der offenen Feuerstelle Feuer gemacht werden musste. Wo es keine Tiefkühltruhe und Konservierungsstoffe gab, und das Haltbarmachen der Lebensmittel eine große Rolle spielte. Wurde beispielsweise ein Tier geschlachtet, musste das Fleisch entweder gleich zubereitet oder durch Pökeln und Selchen konserviert werden. Auch die Schmalzgewinnung (Schweineschmalz und Butterschmalz) war ein wichtiger Vorgang in der Vorratshaltung. Obst, vornehmlich Kirschen, Äpfel und Birnen, wurden getrocknet. Nach alter bäuerlicher Tradition wurden Apfelschnitze auf Fäden zum Dörren aufgehängt. Gemüse wurde in den kühlen Erdkellern eingelagert, wo eine relativ gute Haltbarkeit erzielt werden konnte.

Es gab auch keine Waschmaschine und die Frau musste beim Laufbrunnen vor dem Haus oder bei einem Bach die einzelnen Kleidungsstücke waschen. Wollte sie die Wäsche auskochen, musste sie unter einem mit Wasser gefüllten Bottich Feuer machen. Als Waschmittel dienten Asche, Sand und auch Urin. Später wurde ein eigener kleiner Bau, die Waschküche, dafür errichtet. Die Waschküche diente auch zum Schlachten und zur Herstellung des Branntweins.

Im Winter gab es im Haus nur einen geheizten Raum – die Stube – und man kann sich vorstellen, wie kalt die anderen Räume waren, vor allem in der Nacht, wenn die Außentemperatur sank und der Ofen nicht mehr nachgeheizt wurde. Das Wasser wurde von dem Brunnen vor dem Haus geholt, und das Abwasser musste aus dem Haus wieder hinausgetragen werden. Zudem war es vor allem im Sommer oft nötig, weite Fußmärsche zurückzulegen, zum Beispiel vom Haus im Tal auf den Maisäß hinauf und wieder zurück. Auch Erledigungen in der Bezirkshauptstadt Bludenz wurden zu Fuß getätigt. Von Gaschurn nach Bludenz sind es fast dreißig Kilometer. Dabei dürfen die zurückzulegenden Höhenmeter nicht vergessen werden. Die medizinische Versorgung war sehr bescheiden, es gab weder Zahnersatz noch Verhütungspille, und das Ungeziefer am Körper und in den Lebensmitteln stellte eine ständige Herausforderung dar.

Dazu kam noch die beschwerliche Feldarbeit, bei der das Aufgraben der Erde noch keine Maschinen erledigten, wo der Samen aus den Händen der Frauen und Männer in die Erde fiel, wo das Unkraut noch händisch entfernt werden musste. Wo mit einer einfachen Sichel oder Sense das Getreide oder Heu geerntet wurde, wo die steile Lage der Äcker und Felder oft alles an Körperkraft abverlangte.

Alter Montafoner Zaun

Beim Blick auf das, was Frauen im 16./17. Jahrhundert alles geleistet haben, taucht unweigerlich die Frage auf, was denn da an Arbeit noch für die Männer übrig geblieben ist. Die Männer – wenn sie da waren – leisteten auch schwere körperliche Arbeit in der Holzarbeit; auf den Alpen; im Bergbau; beim Bau von Gebäuden, Zäunen, Brücken, Wegen; im Winter beim Herunterholen des Heus auf Schlitten; in der warmen Jahreszeit bei der Feldarbeit. Auch in der Jagd und Fischerei setzten sie sich ein, ebenso wie in der Herstellung von diversen Gebrauchsgegenständen. Zudem wurden sie in kriegerische Handlungen verwickelt: 1546 im Schmalkaldischen Krieg stellte das Montafon 77 Mann; 1621 vor dem Einfall der Prättigauer anno 1622 sind 476 Mann in den Musterungsrollen eingetragen.[10]

Stellung der Frau

Worauf fußte die namentliche Eigenständigkeit der Frauen im 16./17. Jahrhundert? Worauf die materielle Gleichstellung?

In dieser Zeit war die Wirtschaftsorganisation fast ausschließlich eine hauswirtschaftliche. Das heißt, es bestand eine Verbindung zwischen Haus, Familie, Wohnstätte mit der Wirtschaft, der Arbeit, den Verdienstquellen. Und hier spielte die Frau mit ihrer Arbeitsleistung eine sehr wichtige Rolle[11], denn sie trug als Herrin des Hauses ganz wesentlich zur materiellen Existenzsicherung bei. Als Herrin des Hauses oblag ihr die Organisation und Koordination aller anfallenden Arbeiten im Haus und zum Teil auf dem Hof, die Führung und Anleitung der Dienstboten (vornehmlich der Mägde). Die Arbeitskraft der Frauen war so unentbehrlich, dass sogar die Geburten möglichst so geplant wurden, dass sie nicht in die besonders arbeitsintensiven

---

[10] Ludwig Vallaster: Kriegsschäden. In: Ebd. S. 417 f.

[11] Arno Fitz, Die Frau als Motor der Vorarlberger Frühindustrialisierung. In: Alois Niederstätter und Wolfgang Scheffknecht (Hg.): Hexe oder Hausfrau. Das Bild der Frau in der Geschichte Vorarlbergs. Sigmaringendorf 1991, S. 137 f.

Sommermonate fielen.[12] So fielen beispielsweise zwischen 1650 und 1659 in Gaschurn 62 % der Geburten auf die Winterjahreshälfte und nur 38 % auf die Sommerjahreshälfte. Die wenigsten Geburten sind in den Monaten Mai und Juni verzeichnet. An der Bedeutung der weiblichen Arbeitskraft änderte sich bis Anfang des 20. Jahrhunderts nichts Wesentliches. Selbst während der letzten Monate der Schwangerschaft konnte auf die Arbeitsleistung der Frauen im Haus und auf dem Feld nicht verzichtet werden.

Erst mit der Verlagerung der Erwerbstätigkeit in den außerhäuslichen Bereich (Fabrik) gerieten die Frauen immer mehr in die wirtschaftliche Abhängigkeit von Männern. Die Frauen waren dadurch ja gezwungen, sich zwischen außerhäuslicher Berufstätigkeit und Kindern zu entscheiden.

Trotz namentlicher Eigenständigkeit und unentbehrlicher Arbeitsleistung war die Lebensrealität der Ehefrau von Emanzipation weit entfernt. In der Ehe diente ihre Sexualität dazu, für Nachwuchs zu sorgen. Ihr Betätigungsfeld war auf den häuslichen Bereich beschränkt, wo sie die Rollen als Mutter und Herrin des Hauses auszufüllen hatte.

Erkennbar wird die Rangordnung der Ehefrau und Mutter an der traditionellen Sitzordnung der bäuerlichen Familie am Stubentisch, wie sie Friedl Haas[13] auch für das Montafon als gültig erachtet: Der Vater hatte als Familienoberhaupt seinen Sitzplatz am schmalen Kopfende des Tisches, die Söhne und Knechte saßen auf der Wandbank zur Rechten des Vaters an der einen Längsseite des Tisches, und die Mutter, die Töchter und die Mägde saßen auf einer beweglichen Bank ohne Rückenlehne auf der anderen Längsseite des Tisches. Rechts vom Vater, unter dem Herrgottswinkel, an der Spitze der Söhne war der Platz des (männlichen) Ehrengastes. Ob es weibliche Ehrengäste gab, bleibt dahingestellt.

---

[12] Andreas Rudigier, Manfred Tschaikner: Lukas Tschofen und Gaschurn (= Bludenzer Geschichtsblätter Heft 14 + 15/1993). Bludenz 1993, S. 109-112.

[13] Friedl Haas: Das Montafonerhaus und sein Stall (= Montafoner Schriftenreihe 3). Bludenz 2001, S. 124 ff.

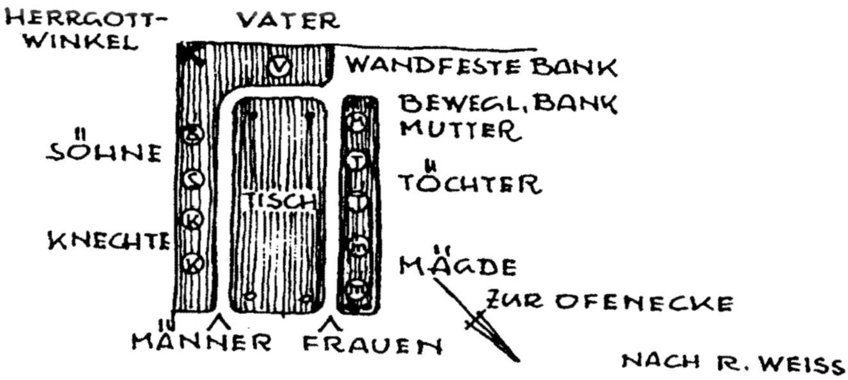

Interessant in diesem Zusammenhang ist die Form des Montafonertisches, die sich in späterer Zeit (18./19. Jahrhundert) durchgesetzt hat. Der Montafonertisch ist meist achteckig und hat je vier oder acht gleichwertige (gleichlange) Seiten. Als mögliche Ursache für den Wegfall des Vorsitzes und die Gleichrangigkeit der vier (acht) Seiten nimmt Friedl Haas die häufige Abwesenheit des Familienoberhauptes (Wanderarbeit, Kriege) an: „Und es ist immer schon so gewesen, dass die Frauen in solchen Fällen zwar Männerarbeit verrichten mussten, die Würden aber, die den Männern zustanden, nicht erhielten. Somit konnte der Platz des Hausherrn zunächst unbesetzt bleiben, dann aber ganz wegfallen."[14]

Betrachtet man den Montafonertisch von seiner Symbolik her, so sticht besonders die Zahl „acht" ins Auge. Acht ist die Zahl der Ewigkeit. Die acht (8) ist ohne Ende und symbolisiert die Durchdringung der Materie durch das Geistige. So war beispielsweise das Taufbecken in der frühen Kirche achteckig. Der Mensch tauchte in der Taufe ein in das ewige Leben Gottes. In vorchristlicher Zeit fanden die Menschen die Verbindung zur geistigen Dimension in der Natur und im Kosmos. Sie (Kelten und Römer) feierten diese Verbindung beispielsweise an den acht heiligen Festen im Jahreskreis:[15]

[14] Ebd. S. 126.
[15] Das Datum der Feste ist dem heute gültigen Kalender angepasst.

Vier Sonnenfeste: 21.3. Frühlingsbeginn, 21.6. Sommeranfang, 23.9. Herbstanfang, 21.12. Winteranfang (Sol invictis).
Vier Mondfeste: 1. Feber (Brigit), 1. Mai (Walpurgis), 1. August (Lugnasad), 1. November (Samhain; Nove = 9. Vollmond).
Diesem alten Wissen um die Rhythmen und Wirkkräfte der Natur standen Frauen immer schon sehr nahe. Möglicherweise dürfen wir in der achteckigen Form des Montafonertisches deshalb auch den Niederschlag weiblicher Spiritualität entdecken. Andreas Rudigier hält kultische und religiöse Zusammenhänge mit Opfer- oder Altartischen für realistisch, zumal wir über das Alter des Tisches im Allgemeinen nichts wissen.[16]

Montafonertisch

[16] Andreas Rudigier: Eine kleine Kulturgeschichte des Montafonertisches. In: Montafoner Museen, Heimatschutzverein und Montafon Archiv (Hg.): Jahresbericht 2005, S. 124.

Mit der Festlegung des Wirkungskreises der Frau auf den häuslichen Bereich war ihr Ausschluss von öffentlichen Ämtern besiegelt. Sie durfte weder Richterin werden noch andere Herrschaftsbefugnisse erlangen. Versammlungen und freie Meinungsäußerungen waren ihr verboten. Auch das Wahlrecht war ihr versagt. Frauen haben in Österreich erst 1918 das allgemeine Wahlrecht bekommen. So hatten also nur Männer etwas in der Öffentlichkeit zu sagen.

Bedenkt man, dass es für die anwesenden Männer damals auch kein Ausbrechen aus der zugewiesenen Rolle gab, so hatten sie doch wesentlich mehr gestalterische Möglichkeiten. Der Ausschluss von Frauen aus der Öffentlichkeit wirkt bis in unsere Tage nach, obwohl sie heute den Männern rechtlich völlig gleich gestellt sind. So hat es im Montafon bis heute (2008) noch keine Frau in das Amt der Standesrepräsentantin des Standes Montafon oder in das Amt einer Bürgermeisterin geschafft.

Im Jahr 1669 wurde in Schruns die Handwerkerzunft des Tales gegründet. Da Frauen aus der Zunftherrschaft des Handwerks ausgeschlossen waren, brachte dies Frauen in punkto Unabhängigkeit keine Verbesserung. Lediglich Witwen konnten unter Umständen das Geschäft ihres Mannes fortführen.

Das Leben im Kloster war für Frauen damals die einzige Möglichkeit, ein Leben abseits von Ehe, Mutterschaft und Abhängigkeit zu führen. Männliche Bevormundung gab es im Kloster nicht, wenn man vom indirekten Einfluss des Beichtvaters und geistlichen Begleiters absieht. Die Klöster waren für die Frauen vom Mittelalter bis in die spätere Neuzeit Zentren der höheren Bildung. Der Zugang zu weiterführenden Schulen und Universitäten war ihnen ja verschlossen.

Am Eingang ins Montafoner Tal befand sich bereits im 13. Jahrhundert ein Frauenkloster: das Kloster St. Peter in Bludenz – übrigens das älteste noch bestehende Kloster im Land Vorarlberg. Da zur damaligen Zeit eher Frauen von adeliger Abstammung oder aus begüterten Familien Aufnahme ins Kloster fanden, war das für die einfache Frau aus dem Montafon wahrscheinlich keine wirkliche Alternative. Für Frauen aus den Unterschichten gab es höchstens einen Platz als Laienschwester, die innerhalb der klösterlichen Gemeinschaft eine verminderte Rechtsstellung hatte und meist für einfache Handarbeiten herangezogen wurde.

Nach einem arbeitsintensiven Leben war es so mancher alten Frau im Montafon nicht einmal gegönnt, in Frieden und mit allem Nötigen versorgt die letzten Lebensjahre zu verbringen. Wenn keine Kinder da waren und sich keine Verwandten ihrer annahmen, geriet sie gänzlich in die Abhängigkeit der Dorfbewohner. Die Altersversorgung sah vor, dass Personen, die Hilfe benötigten, von örtlichen Haushalten in einer bestimmten Reihenfolge jeweils für eine gewisse Zeit aufgenommen wurden (= Verfahren des „Einliegens").[17] Alte Männer waren von dieser Not weniger betroffen, da sie in der Regel früher starben. Die Chronik von Gaschurn[18] berichtet diesbezüglich von einigen sehr bedauerlichen Frauenschicksalen. So wollte der Hausherr eine alte Frau trotz schwerster Erkrankung, nach Ablauf der vorgesehenen Zeit des Einliegens, ins nächste Armenquartier bringen. Die Frau verstarb noch vor ihrer Abschiebung ohne geistlichen und mitmenschlichen Beistand im Jahr 1618. Von einer anderen Frau wird berichtet, dass sie geschlagen und bei den Tieren untergebracht wurde, wo sie mit der Zeit völlig verlauste. Sie verstarb 1668. Die Nachbarschaftshilfe versagte auch bei jener bettlägrigen Frau, die erst Aufnahme bei einer Familie fand, als dem Hausherrn eine Leibrente in Aussicht gestellt und ihm versichert wurde, dass die Frau nicht mehr lang zu leben habe. Eine andere Greisin wurde allein ihrem Schicksal überlassen und irgendwann in ihrem Bett gefunden, als ihr Körper bereits halb verwest und von Würmern zerfressen war (1707). Es ist anzunehmen, dass es solches Frauenelend auch in anderen Orten des Montafons gab. In Schruns

[17] Andreas Rudigier, Manfred Tschaikner: Lukas Tschofen und Gaschurn. S. 125.
[18] Ebd. S. 29, S. 126f.

konnten solche Härtefälle vielleicht vermieden werden, da die Kirchspiels-Ordnung von 1635 gezielte Maßnahmen zur Armenfürsorge vorsah, wie zum Beispiel die Bestellung eines Spendenmeisters, der für eine gerechte Verwaltung und Verteilung der Spenden zuständig war, sowie die Wahl eines Armenvogtes, dem die Austeilung von Kleidung und Schuhen und die Verwaltung der „Bettelstiftung" oblag.[19]

Der Hexenglaube und seine Opfer

Auf der einen Seite waren die Montafonerinnen im 16./17. Jahrhundert aufgrund der bäuerlichen Wirtschaftsorganisation relativ eigenständig und stark, und auf der anderen Seite waren sie aufgrund des herrschenden Glaubens an Magie und Hexerei immer wieder Opfer von Bezichtigungen und Prozessen, die in einigen Fällen in der Todesstrafe durch Verbrennen endeten. Obwohl auch Männer dem Vorwurf der Hexerei ausgesetzt werden konnten, waren die in Hexenprozesse verstrickten Personen im Montafon zu hundert Prozent Frauen.[20]

Doch der in ganz Vorarlberg beliebte Brauch des Funkenabbrennens am ersten Sonntag in der Fastenzeit steht nicht in direktem Zusammenhang mit den Hinrichtungen bei Hexenprozessen, wie manche mutmaßen.

[19] Viktor Kleiner: Aus der Geschichte von Schruns. Gedenkblätter zur Markterhebungsfeier am 1. Juli 1928. Schruns 1928, S. 3f.

[20] Manfred Tschaikner: Magie und Hexerei im südlichen Vorarlberg zu Beginn der Neuzeit. Konstanz 1997, S. 159.

Exkurs zum Funkenbrauch

Die Tatsache, dass eine weibliche Puppe auf dem Funken verbrannt beziehungsweise zur Explosion gebracht wird, ist häufig Anlass für Kritik von Seiten feministischer Frauen, weil sie darin eine Diskriminierung der Frau oder des Weiblichen sehen.[21] Da ich die Befindlichkeit dieser Frauen durchaus ernst nehme, möchte ich im Folgenden den Ursprung und die Bedeutung des Brauchs näher betrachten.

Funkenhexe

Auch wenn Parallelen zu den Hinrichtungen von Frauen auf dem Scheiterhaufen gegeben sind, so hat der Volksbrauch des Funken- oder Küachlisonntags viel eher mit dem Ende der Fasnacht und dem Beginn der Fastenzeit zu tun. Und dieses Ende wurde beziehungsweise wird ausgiebig gefeiert: Am Tag und Abend mit Küachliessen zuhause, am Abend auf dem Funkenplatz, mit dem Funkenabbrennen während die Blasmusik spielt und Jugendliche Fackeln schwingen und in manchen Orten mit Scheiben schießen, in der Nacht mit Tanzveranstaltungen in den örtlichen Gaststätten.

[21] Beim Lauteracher Funken 2004 antwortete man auf die feministische Kritik, indem man neben der Hexe auch einen Hexer auf die Funkentanne hängte.

Auf der Suche nach dem Ursprung

Etliche Jahrzehnte vor der feministischen Kritik stieß der Funkenbrauch in der Kirche auf Ablehnung: 1914 verbot Aegidius Mayer, Dekan des Montafons und Pfarrer von Schruns, kurzerhand die Abhaltung dieses beliebten Brauches.[22] Die offizielle Begründung für dieses Verbot lag sicher in der Tatsache, dass dieses Treiben rund um den Funken in die christliche Fastenzeit fällt, die ja bereits mit dem Aschermittwoch (= Tag nach Faschingdienstag) also vier Tage vorher beginnt. Der christlich-katholische Sittenkodex verbot damals in der Fastenzeit jegliche profanen Feste und jegliche Tanzveranstaltungen.

Die terminliche Überschneidung mit der Fastenzeit ist somit ein sicherer Hinweis darauf, dass der Funkenbrauch älter ist als der christliche Festkreis. Der christliche Festkreis hat sich, nach der Erhebung des Christentums zur römischen Staatsreligion im 4. Jahrhundert, in den darauf folgenden Jahrhunderten im Alpenraum durchgesetzt. Bartholomäberg war um 1100 die erste Pfarre im Montafon.

Historisch lässt sich der Ursprung des Funkensonntags leider nicht datieren. Die neuere volkskundliche Forschung führt ihn auf noch heute in Oberitalien gebräuchliche Feuer zum römischen Jahresanfang am 1. März zurück.[23]

Die landläufige Meinung ist, dass das Funkenabbrennen ein althergebrachter Brauch zur Vertreibung des Winters und germanisch-keltischen Ursprungs sei. Ob römischen oder germanischen Ursprungs – der Brauch hat mit Sicherheit archaische Wurzeln, die sich leider nicht mehr vollständig erschließen lassen. Richten wir also

[22] Peter Strasser, Andreas Rudigier: Montafon. 1906-2006. Eine Zeitreise in Bildern. Schruns 2006, S. 1935.

[23] http://de.wikipedia.org/wiki/Funkenfeuer – Abgerufen im Jänner 2007.

unseren Blick auf die Funkentradition im 20./21. Jahrhundert, wie sie gelebt und mit welcher Bedeutung sie versehen wird. Darin allein mag sich der Sinn dieses Brauchs erschließen.

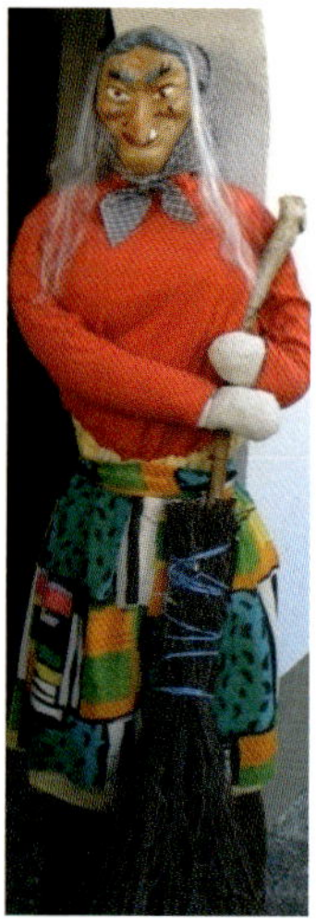

Funkenhexe

2006 Schrunser Funken und „Trätzfunken"

Bedeutung und Sinn des Funkenbrauchs

Die Frauen aus dem Montafon, die ich zum Funkenbrauch befragt habe, äußerten übereinstimmend, dass sie gerne zum Funken gehen, weil dort die Leute zusammenkommen und sich miteinander an dem Feuer des Funkens erfreuen. Bereits als Kinder und Jugendliche seien sie zum Funken gegangen, wo sie auch die Fackel schwangen oder mit Scheiben schossen. Der Funken ist für die Befragten ein schöner, alter Brauch, der zugleich mehr ist als eine althergebrachte Tradition.

Sie sehen darin auch einen übergeordneten Sinn, der mit dem kommenden Frühling zu tun hat: Die Flammen und der Funkenregen vertreiben den Winter und versprechen ein fruchtbares Erntejahr. Der Funken ist für manche aber auch ein Zeichen des Dankes, wenn der Winter ohne größere Lawinen abgegangen ist. Archaische Feste mit jahreszeitlichem Bezug hatten immer sakralen Charakter, denn die frühen Religionen orientierten sich an den zyklischen Abläufen der Natur. Dieser sakrale Aspekt kommt offensichtlich auch heute noch zum Ausdruck.

Keine der Frauen möchte den Funken missen, da er für sie einfach dazu gehört und sehr eng mit dem Gefühl von Heimat verbunden ist. In den meisten Montafoner Gemeinden und Ortsteilen ist das Abbrennen des Funkens am Sonntagabend der Höhepunkt eines Festtages, der in den Familien mit gemütlichem Zusammensein und Mehlspeisen begangen wird. Die Bedeutung und der Sinn des Funkenbrauchs lassen sich somit in vier Punkten zusammenfassen:

- *Zusammenhalt in der Gemeinde, Stärkung des Wir-Gefühls*
- *Freude der Menschen am Feuer des Funkens*
- *Vermittlung des Gefühls von Heimat*
- *Segen für die Menschen*

Betrachtet man die Vermarktung des Funkenbrauchs in manchen Gemeinden des Montafons, dann muss ein fünfter Punkt noch hinzugefügt werden:

- *Geschäft beziehungsweise Touristenevent*

Fackel

Das Funkenbrauchtum im Wandel der Zeit

Auch heute noch werden in allen Gemeinden des Montafons und ganz Vorarlbergs Funken abgebrannt. Auf das Funkenfeuer wird nach wie vor großen Wert gelegt, wenn sich auch das Brauchtum rundherum ein wenig ändert. So verlieren beispielsweise die *Küachli* immer mehr an Bedeutung zugunsten von anderen, meist nicht mehr von den Frauen selbst hergestellten, sondern in der Bäckerei gekauften Mehlspeisen, wie zum Beispiel Faschingskrapfen und Funkenrollen. Auch Grillwürstel erfreuen sich am Funkensonntag immer größerer Beliebtheit. Was die Tanzveranstaltungen nach dem Funkenabbrennen betrifft, so hat sich ebenfalls einiges verändert: Die

Generation unserer Eltern und Großeltern versammelte sich noch zum fröhlichen Beisammensein bei den *lötzta Drei* – ein Brauch, den es heute nicht mehr gibt.

Die *lötzta Drei* bezeichneten die letzten drei Tänze vor der Fastenzeit beziehungsweise die Tanzveranstaltung nach dem Funkenabbrennen. An den *lötzta Drei* wurde bis Mitternacht ausgiebig getanzt, weil in der anschließenden Zeit bis Ostern keine Festivitäten mehr stattfanden. Heute ist das nicht mehr so. Die Diskotheken, Bars und Nachtlokale haben das ganze Jahr geöffnet. Es gibt diesbezüglich keine Unterscheidung der Zeiten, und so macht es auch keinen Unterschied, ob nach dem Funken oder sonst irgendwann getanzt wird.

Menschen haben dadurch etwas gewonnen – mehr Freiheit allgemein und mehr Zeit für Unterhaltung und Tanz im Besonderen – aber auch etwas verloren. Das, was sie verloren haben, ist die innere Berührung, die durch die Verbindung von Musik und Tanz und dem Erleben des großen Feuers und des Funkenregens entstand. Das Knistern der Funken und das Knistern zwischen den Liebenden beim Tanz ließen die frohen Stunden zu einer Erfahrung werden, die in den Alltag hineinreichte und Kraft gab. Diese besondere Erfahrung konnte nur entstehen, weil die Menschen untereinander verbunden waren durch eine gemeinsame Ausrichtung auf einen höheren Bedeutungszusammenhang, wie hier dem Funkenbrauch.

Gewiss, manches Brauchtum ändert sich, passt sich dem Zeitgeist an. Einiges geht verloren, Neues kommt hinzu. Das ist der Lauf der Dinge. Entscheidend ist die Attraktivität, die Anziehungskraft, die der Funken heute noch auf die Montafoner und Montafonerinnen ausübt. Und diese scheint nach wie vor ungebrochen zu sein: Gemeinschaftlicher Funkenbau, loderndes Funkenfeuer, Blasmusik, Hexenknall und viele begeisterte Zuschauer und Mitwirkende. Dennoch ist auch die Tendenz zu spüren, dass der Brauch immer mehr zu einer Fremdenverkehrsattraktion wird, wobei die oben genannten Bedeutungsinhalte noch nicht verschwunden sind. Erst wenn der Funkenbrauch nur noch ein „Event" neben anderen ist, ein Ereignis, das die Einheimischen beziehungsweise Ortsansässigen nicht mehr versammelt und die Jugend nicht mehr zum Mittun aktiviert, dann ist es Zeit diesen Brauch neu zu überdenken.

Warum wurden Frauen im 16./17. Jahrhundert zu Hexen?

Es hat wohl mit ihrem Frausein an sich etwas zu tun und mit ihrem damit verbundenen Frauenheilwissen. So ist auch der Beruf der Hebamme traditionell ein Frauenberuf. Schon im Mittelalter waren Frauen Heilkundige. Sie kannten sich in der Geburtshilfe aus; sie kannten Schmerzmittel, Abtreibungs- und Verhütungsmittel. Sie wussten über Muttermundveränderungen und Zyklusstörungen Bescheid und vermochten schwierige Kindslagen im Mutterleib zu diagnostizieren und auch zu beheben. Sie führten verschiedene kleine Operationen durch wie den Dammschnitt. Ihr Heilwissen bestand aus der überlieferten Volksmedizin, die durch Erfahrung und Experiment weiterentwickelt wurde. Hebammen waren auch kundig im natürlichen Umgang mit magischen Kräften in der Natur. Das Heilwissen umfasste Anatomie, Kräuter und Drogen, die Herstellung von Arzneien und schließlich die Magie (Durchführung von Ritualen, Einsatz von Amuletten, Sprüche zum Besprechen von Krankheiten, Praktiken zum Blutstillen usw.). Die damalige Heilkunde – Naturheilkunde in Verbindung mit Magie – war im bäuerlichen Alltagsleben Domäne der Frauen.

Hebammen spielten in der Gemeinschaft eine wichtige Rolle. Ihr Wissen um den Körper der Frau, der zutiefst mit dem Geheimnis des Lebens verbunden ist, machte sie jedoch, in der von Hexenglauben und Magie geprägten Zeit, immer wieder verdächtig. Die Macht von Frauen über Leben und Tod – basierend auf der Fähigkeit Kinder auf die Welt zu bringen, oder auch schon im Mutterleib zu töten – erweckte bei den Männern Misstrauen. Auch ihre fallweise gegebene Überlegenheit im Heilungswissen erschien den Männern als Bedrohung. Der Schritt, Frauen als Hexen zu diffamieren, war nur ein kleiner. Bereits im Mittelalter machte man Hexen vor allem für den Verlust der männlichen Potenz verantwortlich.[24] Auch der monatliche Blutfluss der Frauen war den Männern nicht geheuer. So sagte mir vor noch nicht allzu langer Zeit ein alter Klostertaler Bauer und Jäger, dass er einer menstruierenden Frau niemals sein Fernglas in die Hand geben würde, da es sich sonst eintrübe.

Obwohl auch Männer der Hexerei bezichtigt werden konnten, waren es im Montafon, wie gesagt, ausschließlich Frauen, denen der Vorwurf der Hexerei gemacht wurde. Es bleibt letztlich unklar, was zu dieser Ausschließlichkeit führte. Da Frauen in der Öffentlichkeit nichts zu sagen hatten, war es jedenfalls leichter, sie zu Sündenböcken zu stempeln als Männer. Und Sündenböcke haben die Menschen damals gebraucht, um böse Wetter, Hagel, Reif, Muren, Lawinen, Überschwemmungen, Pestseuchen, Viehseuchen und die verschiedensten Krankheiten zu erklären. Häufig waren es aber ganz banale Streitigkeiten unter Dorfbewohnern und Boshaftigkeiten, die zu Hexenprozessen führten. Frauen und Männer denunzierten andere Frauen. Die Richter und Geschworenen in den Prozessen waren aber ausschließlich Männer. Dies ist aus den vorhandenen Prozessprotokollen ersichtlich, die Manfred Tschaikner ausführlich analysierte. Ich beziehe mich im Folgenden auf seine Angaben.[25]

Wie leicht es damals im Montafon zu Bezichtigungen kam, erzählt eine Begebenheit, die sich im Jahre 1654 vermutlich in Bartholomäberg oder Schruns zugetragen hat. Sie gibt uns auch ein authentisches Zeugnis für den damaligen Glauben an Schadenszauber und Magie sowie die Rolle der Geistlichkeit. Weiters zeigt sie uns, wie wenig zimperlich Frauen miteinander umgegangen sind:

Ein Kind wurde krank. Andere Frauen erweckten oder bestärkten daraufhin bei der Mutter des Kindes, der Netzerin, den Verdacht,

[24] Manfred Tschaikner: Magie und Hexerei im südlichen Vorarlberg zu Beginn der Neuzeit. Konstanz 1997, S. 165.
[25] Ebd.

die Krankheit käme von bösen Leuten. Um die Krankheit wieder loszuwerden, sollte die Netzerin den Verursacher beziehungsweise die Verursacherin bitten, die von ihr angezauberte Krankheit wieder zurückzunehmen. Die Netzerin sprach daraufhin im Beisein etlicher anderer Frauen dreimal Maria Schuechterin an, *sie sollte ihrem khindt helffen.* Diese nahm das magische Ritual zunächst jedoch nicht einmal ernst. Als die Netzerin dann auch noch selbst erkrankte, fragte sie den Pfarrer von Bartholomäberg – eine regionale Kapazität auf dem Gebiet der Volksmedizin und der Hexenbannerei – um Rat. Der Pfarrer erklärte seiner Patientin zunächst, wie sie die vermeintliche Verursacherin ihres Leidens auf magische Weise erkennen könne. Er sagte, *es werde aine umb abholung schmalz khomen, die sollihe Krankheit veruhrsacht* habe. Als daraufhin Anna Schuechterin, die Schwester von Maria Schuechterin, bei der Netzerin ein Pfund Schmalz als ihren verdienten Arbeitslohn abholen wollte, hielt sie die Netzerin *für ain hexen.* Nun fühlten sich die beiden Schuechterinnen zur Rettung ihrer Ehre gezwungen und schlugen der Netzerin auf dem Heimweg von der Messe *auf der kirchenstrass* einige *löcher in kopff.* Am 4. Jänner 1656 verlangten sie vom Bludenzer Gericht die Aufhebung der Bescheltung und erlangten beim Verfahren schließlich auch die Aufhebung der Anschuldigung.[26]

Keinen guten Ausgang fand der Prozess, in dem Deli Glawottin aus Latschau 1604 zur Hexe verurteilt wurde. Der Grund ihrer Verurteilung war, dass ein Mann, Hans Burger, Deli Glawottin mit drei weiteren Frauen um einen großen Stein schreiten gesehen hat, als ob es sich dabei um einen Altar gehandelt hätte. Dies bezeugten zwei Geschworene, Christian Planngg und Christian Schuechter vor dem Vogteiverwalter Gabriel Dionys von Schellenberg, woraufhin die Glawottin zum Tod verurteilt und hingerichtet wurde. Als Tochter eines Spielmanns musste sie in dem Verfahren die zahlreichen „Heimgärten" und Tänze im Vaterhaus als Verführung zum Teufelswerk angeben.[27]

---

[26] Ebd. Quelle: Stadtarchiv Bludenz 86/4, S. 12.

[27] Manfred Tschaikner: Magie und Hexerei im südlichen Vorarlberg zu Beginn der Neuzeit. Konstanz 1997, S. 68f., S. 205.

An diesem Fall wird einerseits sichtbar, dass es ganz eindeutig Männer waren, die den Tod dieser Frau verschuldet haben und andererseits, dass den Aussagen von Männern bei Gericht großes Gewicht beigemessen wurde, denn die Aussagen der beiden Geschworenen, die sich besonders belastend auswirkten, bezogen sich auf das mündlich kolportierte Ereignis des nächtlichen Schreitens um einen Stein, das beim Prozess bereits zehn Jahre zurücklag. Die wahren Gründe, die zur Ermordung Deli Glawottins geführt haben, sind bestimmt woanders zu suchen und haben mit Sicherheit mehr mit der Bewertung ihres Lebenswandels und Sozialprestiges zu tun, als mit Magie und Hexerei.

Magische Praktiken waren damals dennoch weit verbreitet. Das Leben der Menschen im Montafon war im 17. Jahrhundert sehr bedroht. Kriege, Seuchen (im Jahr 1613 starben zum Beispiel in Vandans 180 Personen an der Pest) und Krankheiten, deren medizinische Ursachen sich der naturwissenschaftlichen Kenntnis entzogen, eine markante Klimaverschlechterung (Lawinenwinter, heftige Unwetter) und andere Katastrophen wie Brände oder ein Überhandnehmen von Pflanzenschädlingen wirkten sehr tief auf das Leben der Menschen ein. Sie erfuhren sich angesichts dieser Mächte hilflos und ohnmächtig. Hilflosigkeit erzeugt Angst, und so ist es verständlich, dass sie diese Ängste durch magische Praktiken zu bannen versuchten, wobei diese Riten und Beschwörungen – so scheint es – eine immer stärkere Eigendynamik entwickelt haben.

Vor diesem Hintergrund ist auch der Fall von Gretha Schoderin aus Vandans zu sehen, die 1683 einen menschlichen Schädel sott, um dadurch ihren Mann, der sich in der Fremde aufhielt, wieder zurück zu zwingen. Sie kam beim folgenden Hexenprozess mit dem Leben davon, wurde aber verurteilt, die Schandgeige zu tragen.[28] Wie muss die Sehnsucht nach dem Mann groß gewesen sein, der seine Frau,

[28] Ebd. S. 70. Quelle: Stadtarchiv Bludenz 86/8, S. 81.

vielleicht samt Kindern, allein ließ mit der ganzen Arbeit und Sorge ums tägliche Brot. Möglicherweise war dieser Mann ein Wanderarbeiter, der von seinem Arbeitsplatz in der Ferne nicht mehr zurückgekommen ist.

Andere Gründe strafrechtlicher Verfolgung von Montafoner Frauen

Aus dem Frevelbüchlein des Bludenzer Vogteiamtes und aus anderen Quellen geht hervor, dass Frauen im Montafon beispielsweise wegen folgender Delikte abgestraft wurden:

- Unerlaubter Ausschank von alkoholischen Getränken (zum Beispiel: 1598 Christina Durigin wegen Branntweinausschanks und Margaretha Kraftin wegen Weinausschanks – beide aus Bartholomäberg)
- Unerlaubte nächtliche Veranstaltungen („Heimgärten") (zum Beispiel: 1598 Christina Durigin)
- Vorehelicher und außerehelicher Geschlechtsverkehr (zum Beispiel: 1598 Anna Radamin aus Bartholomäberg, weil sie außerhalb der Ehe ein Kind empfangen hat)
- Umgehung der vollständigen Osterbeichte (zum Beispiel wurde 1663 Anna Vannierin zu einem Tag Gefängnis verurteilt, weil sie dem Pfarrherrn den österlichen Beichtzettel nicht aufgelegt hat)[29]

Der Ausschank alkoholischer Getränke, auch wenn er unerlaubt erfolgte, ist ein Hinweis auf die Geschäftstüchtigkeit dieser Frauen. Während die Montafoner den Branntwein selbst herstellten, mussten sie den Wein einführen. Über Saumpfade im Gebirge wurde der Wein vor allem aus dem Veltlin ins Montafon gebracht. Das legt den Schluss nahe, dass Margaretha Kraftin mit den Weinhändlern Geschäfte gemacht hat. Der Grund, warum sie ihr Gewerbe uner-

[29] Karl Fritz: Freveltaten am Rätikon. In: Salzgeber. Eine alpenländische Chronik, S. 28-34.

laubt ausübte, ist möglicherweise der Tatsache zuzuschreiben, dass es ihr als Frau offiziell nicht gestattet wurde oder aber die damit verbundenen Auflagen zu hoch waren.

Betrachtungen zur Lebensrealität der Montafonerinnen und Montafoner im 16. und 17. Jahrhundert

Wenn wir auf die Mühsal und Schinderei der Menschen damals schauen, wenn wir uns ins Bewusstsein rufen, welchen Bedrohungen sie durch die Natur, durch Krankheiten und Seuchen (Pest), durch Kriege und schlechte Ernten ausgesetzt waren, dann erahnen wir vielleicht ein wenig deren Ängste und Schmerzen. Und wenn wir uns noch einmal speziell die damals äußerst schwierige Situation der Frauen vergegenwärtigen, gelangen wir vielleicht zu der Überzeugung, dass ihre Lebensfreude stets von schwerer Last, vom Kampf ums Überleben niedergedrückt war. Und es drängt sich die Frage auf: Was hatten die Frauen (und Männer) damals wirklich vom Leben? Wenn ich oben festgehalten habe, was die Menschen damals im Vergleich zu unserer Zeit nicht hatten, so möchte ich hier versuchen nachzuvollziehen, was sie damals hatten und wir heute nicht mehr haben (zumindest nicht in der gleichen Form und Ausprägung):

- Sie hatten Zeit.

Die Worte Hektik und Stress waren ihnen fremd. Alles brauchte seine Zeit. Und alles hatte seine Zeit: Die Menschen lebten im Rhythmus der Jahreszeiten, im Rhythmus von Tag und Nacht, im Wochenrhythmus von Werktagen und Sonntag, im Rhythmus des kirchlichen Festkreises. Mit Sonn- und Feiertagen war nicht nur der Kirchgang verbunden, sondern auch Tanz und Fröhlichkeit. Auf manchen Montafoner Votivtafeln aus dem 18. und 19. Jahrhundert sieht man neben der Kirche eine so genannte „Tanzloba" – ein ebenerdiger Holzbau mit einem niedrigen Dachgeschoss und einem Satteldach.

Dort haben sich Frauen und Männer auch schon im 16. und 17. Jahrhundert miteinander unterhalten, gesungen und getanzt – allerdings nur untertags, denn nächtens waren Tanzveranstaltungen verboten.[30] Ein Volkstanz, zu dem auch gesungen wird, der „Ahitanz", ist sogar bis ins 13. Jahrhundert nachweisbar und zählt auch zu den Montafoner Volkstänzen. Dieser Tanz kommt wie die zahlreichen anderen noch bekannten Montafoner Volkstänze im ganzen mitteleuropäischen Raum vor, fällt aber durch den dazugehörenden Mundarttext, der im Montafon zu diesem Tanz gesungen wurde beziehungsweise wird, auf: [31]„Gibili gäbili Rächazah, ds Wibli ist Mester und net dr Ma, […]."

Dieser uralte Text ist ein untrügliches Dokument der ungeheuren Kraft und Leistung von Frauen; der Fähigkeit von Frauen mit allen Lebenslagen auch ohne Männer fertig zu werden. Anzunehmen ist, dass dieser Text, der die Überlegenheit der Frauen zum Ausdruck bringt, eher nicht auf männliche, sondern auf weibliche Urheberschaft zurückgeht. So dürfen wir auch davon ausgehen, dass Frauen, selbst wenn sie namenlos und ungenannt bleiben, mit Sicherheit Bedeutendes zur Volkskunst beigetragen haben.

- Sie lebten mit der Natur auf Du und Du,

was bedeutete, dass sich, neben all den Gefahren und Beschwernissen, die die Natur den Menschen auferlegte, auch deren unüberbietbare Schönheit in ihr Wesen einprägte und es erleuchtete. Aus dieser engen Beziehung zur Natur erwuchsen Genügsamkeit und Zufriedenheit. Eine Zufriedenheit, die uns beispielsweise aus den noch erhaltenen Behausungen der Montafonerinnen und Montafoner aus alter Zeit entgegenstrahlt.

[30] Obrigkeitliche Verordnung vom 24. Dezember 1656. In: Montafoner Heimatbuch. S. 371.
[31] Bruno Hueber: Der Volkstanz im Montafon. In: Montafoner Heimatbuch. S. 269-276.

Montafonerhaus

Diese Naturverbundenheit lebt auch in der heutigen Montafoner Jugend noch fort und begründet ein starkes Heimatgefühl, eine intensive Identifikation mit dieser Region. „Zentrale Täger des Heimatgefühls stellen für die Jugendlichen besonders die Berge dar, ungeachtet dessen, ob sie zum Beispiel als Freizeitort genutzt werden, oder nicht. Berge werden als Symbol für das Tal, das eigene Selbstverständnis und die Vertrautheit und Beständigkeit der Umgebung empfunden."[32]

- Die Menschen hatten einander.

Bei allem Zank und Streit, den es gab, waren sie aufeinander angewiesen, in der Arbeit und in der arbeitsfreien Zeit. Zusammenhalt und Nachbarschaftshilfe waren zentrale Werte, wenngleich es auch

[32] Edith Hessenberger, Michael Kasper: Lebenswelten junger Menschen im Montafon (= Montafoner Schriftenreihe 17). Schruns 2006, S. 97.

– wie bereits erwähnt – immer wieder Fälle sozialer Härte und Grausamkeit gegeben hat. Zur Unterhaltung in der wohl spärlichen arbeitsfreien Zeit kamen die Menschen zusammen und brachten sich persönlich ein, sei es im Gespräch, beim Singen, Tanzen und Musizieren. Die Sitten und Bräuche hatten Gemeinschaft stiftenden Charakter, im Gegensatz zu heute, wo Menschen einen großen Teil ihrer Freizeit weniger miteinander als mit technischen Geräten verbringen (Fernsehen, Handy, Computer).

- Die Menschen fühlten sich eingebunden in einen größeren Sinnzusammenhang.

Einen Sinnzusammenhang, der über das Irdische und Materielle hinausging. Wenn auch die Vertreter der Kirche die frohe Botschaft der Evangelien damals oft als Drohbotschaft auslegten, so hatten die Menschen doch Rituale, die ihnen in wichtigen Situationen ihres Lebens Kraft und Halt spendeten. Die Verehrung der Muttergottes an Wallfahrtsstätten, aber auch das Rosenkranzgebet, spielte dabei eine wichtige Rolle, insbesondere für Frauen.

Statue der mit sieben Schwertern durchbohrten Muttergottes auf dem rechten Seitenaltar in Vens

Venser Kirchlein

So waren es zwei Frauen – Anna und Maria Planggin – die 1613 in Erfüllung eines Pestgelübdes zu Ehren „Unserer Lieben Frau Empfängnis und des Hl. Sebastian" das Venser Kirchlein erbauen ließen – heute noch eine beliebte Wallfahrtskapelle in Vandans.[33]

- Die Menschen waren vertraut mit dem Tod.

Aus den Sterbebüchlein des Mittelalters erfahren wir, dass das Sterben eines Menschen im Beisein seiner Familie und Freunde stattfand. Zuvor kam auch der Priester, um die im Sterben liegende Person mit dem Sakrament der letzten Ölung zu versehen. Starb die

[33] Klaus Beitl: Die Votivbilder der Montafoner Gnadenstätten (= Montafoner Schriftenreihe 7). Schruns 2003, S. 14.

Person, so wurde sie zuhause aufgebahrt, und es kamen Nachbarn und Freunde, um mit den Angehörigen für den Toten oder die Tote zu beten und Totenwache zu halten. Nach dem Fortgang der Teilnehmer von der nächtlichen Totenwache brannte in den späten Nacht- und frühen Morgenstunden dann noch das „Seelenlichtlein", ein kleines Öllicht, beim Leichnam.

Dieser Brauch hat sich bis ins 19. Jahrhundert gehalten, obwohl per Hofdekret bereits 1771 befohlen wurde, dass bei den Kirchen *Totenkammern seyn sollen, wohin* die *todten Körper, welche man in ihren Wohnungen nicht lassen kann, gebracht werden könnten* [...].[34] Im Hinblick auf diesen Brauch können wir heute noch erkennen, wie offen und natürlich die Menschen damals mit dem Tod umgegangen sind. Der tote Körper wurde nicht gleich fortgebracht, sondern so hergerichtet und aufgebettet, dass jeder, der kam, den Verstorbenen noch einmal sehen und sich verabschieden konnte. Die Hinterbliebenen waren in ihrem Schmerz nicht allein. Auch die Sterbenden wussten sich vor ihrem Ableben geborgen im Kreis ihrer Angehörigen und Freunde, wussten dass ihre Seele über den Tod hinaus begleitet würde. Das gemeinsame Gebet für den Verstorbenen bestätigt den Glauben oder die Überzeugung der Menschen, dass das Leben mit dem Tod nicht zu Ende ist und, dass die Lebenden etwas zum Seelenheil der Toten beitragen können.

[34] Schreiben des Grafs von und zu Lehrbach, k. und k. Hof-Kommissär vom 10. März 1797. In: Montafoner Heimatbuch. S. 255.

Rückschlüsse auf weibliche Eigenschaften

Frauen mussten ungeheuer stark sein, stärker als Männer, die ja häufig nicht da waren. Frauen garantierten Kontinuität: Sie bewirtschafteten das Land, gebaren Kinder, pflegten das Brauchtum. Sie sorgten für das Essen auf dem Tisch, für Wärme und Sauberkeit. Frauen waren Opfer der Hexenverfolgungen, manchmal auch Mittäterinnen durch Bezichtigungen und Verleumdungen. Mit Fleiß und außerordentlicher Zähigkeit erreichten sie eine gewisse Autonomie. Und das trotz männlicher Bevormundung durch Ehemann, Priester, Vögte, Ortsvorsteher und Richter. Hervorgehoben soll an dieser Stelle auch die unerschütterliche Standhaftigkeit, der Mut sowie die körperliche und psychische Widerstandskraft jener Frauen werden, die durch die Torturen der Hexenverhöre geschleift wurden, ohne dass ihnen irgendein Geständnis abzuringen war.[35] Vielleicht ist gerade diese Stärke und Unbeugsamkeit der Montafonerin mit ein Grund, warum in diesem Tal ausschließlich Frauen auf die Anklagebank in Hexenprozessen gekommen sind. Auch wenn oft Frauen selbst unliebsame Zeitgenossinnen der Hexerei bezichtigten, so war dies nur aufgrund eines von (Kirchen-) Männern konstruierten und exekutierten Rechtssystems möglich, das geprägt war von einer abgrundtiefen Frauenfeindlichkeit. Wären die Montafonerinnen nicht so stark gewesen, hätten sie für Männer keine so große Bedrohung dargestellt.

Die Montafoner Frauen waren im Bereich der kirchlichen Frömmigkeit sehr engagiert. Sie empfingen die Sakramente, heirateten, ließen ihre Kinder taufen, beichteten, beteten, zahlten Messen. Guntram Plangg erwähnt, dass in dem handschriftlichen „Jahrzeitbuch" der Urpfarre Bartholomäberg aus dem 15. Jahrhundert, „der relativ starke Anteil an Frauen unter den Stifterinnen und Stiftern" auffällt.[36] Mit ihrer schmucken Tracht, die damals noch einfacher

---

[35] Manfred Tschaikner: Magie und Hexerei im südlichen Vorarlberg zu Beginn der Neuzeit. S. 201-206.

[36] Judith Rollinger und Robert Rollinger (Hg.): Montafon 1. Mensch – Geschichte – Naturraum. Schruns 2005, S. 262.

war als die heutige Festtagstracht, waren sie Mitgestalterinnen der religiösen Feste. Große Verehrung brachten sie auch der Muttergottes Maria und diversen Heiligen entgegen, und sie begaben sich bei verschiedenen Anlässen zu Fuß zu den Gnadenstätten, die diesen Heiligen gewidmet waren. Die Errichtung mancher Gnadenstätte im Montafon geht auf das Wirken von Frauen zurück, wie das Venser Kirchlein.

Die gesellschaftlich tragende Rolle, die Frauen im Montafon hatten, kommt nicht zuletzt auch im Montafonertisch mit seinen vier (oder acht) gleichberechtigten Seiten zum Ausdruck. Um diesen Tisch spielte sich alles ab, was zum Familienleben und zur dörflichen Gemeinschaft gehörte. So kann die ebenbürtige Sitzordnung am Montafonertisch auch als Hinweis auf den gesellschaftlichen Einfluss der Frauen gelten, die das „Rad am Laufen hielten", während ihre Männer auf Wanderschaft waren. Möglicherweise ist die Gleichrangigkeit der Sitzplätze auch als Indiz für das demokratische Grundverständnis der Montafonerinnen zu werten – ein Verständnis, das nicht auf Unterwerfung, sondern auf Zusammenarbeit setzt.

Zusammenfassend lässt sich für den beschriebenen Zeitraum festhalten, dass die Montafonerinnen mit Liebe und Unerschütterlichkeit dem Leben dienten. Ihr Dienst am Leben ist trotz all der zeitbedingten Unbill, das was bleibt und weiterwirkt – in den Nachkommen und in der Kultur. Insofern dürfen wir heute mit Dankbarkeit sagen, dass ihre Mühsal, ihr immenser Einsatz einen Sinn gehabt hat. Wenn wir danach forschen, was sich damals im Bewusstsein der Frauen (und Männer), sozusagen im kollektiven Unterbewusstsein, an – aus Frauensicht – Abträglichem eingegraben hat, dann sind es unter anderem folgende Punkte:

- Der Wert einer Frau, ihre Lebensberechtigung definiert sich vor allem über ihre Arbeitskraft und ihre Fähigkeit, Kinder in die Welt zu setzen (Reproduktionsfähigkeit).

- Sie trägt die Hauptverantwortung im Kampf ums Überleben.

- Sie kann sich als Ehefrau und Mutter ihren Tätigkeitsbereich nicht aussuchen. Auch als ledige, ungebundene Frau hat sie diesbezüglich viel weniger Wahlmöglichkeiten als Männer.

- Ihre Leistung im Dienste des Lebens ist nicht mit Zahlungseinheiten zu bemessen (ideeller Lohn statt materieller Ausgleich).

- Ihre Arbeit in Dienstverhältnissen ist weniger wert als die der Männer.

- In der Öffentlichkeit hat sie nichts zu sagen.

Wie tief sich diese Erfahrungen tatsächlich im kollektiven Unterbewusstsein verankert haben, zeigt beispielsweise eine Grundlagenstudie von 1993 im Auftrag der Vorarlberger Landesregierung zum Thema „Frau sein in Vorarlberg“[37] auf. In dieser Studie wird deutlich, dass Frauen auch heute noch immer um Entlastung in der Hausarbeit und Kindererziehung, um Vereinbarkeit von Familie und Beruf sowie um gleiche Löhne ringen. Viele Frauen tun sich immer noch schwer, vor lauter Sorge für die anderen, gut auf sich selbst zu schauen. Zu stark wirkt hier der Glaubenssatz: Du bist nur gut, wenn Du arbeitest und wenn Du für andere da bist. Mit dieser inneren Überzeugung ist es schwierig, für sich selbst etwas einzufordern und anderen etwas zuzumuten.

[37] Frauenreferat der Vorarlberger Landesregierung (Hg.): Frau sein in Vorarlberg (= Grundlagenstudie). Bregenz 1993.

Die Montafonerin im 18. Jahrhundert

Frauenrelevante Entwicklungen

Ende der Hexenverfolgungen

Die Zeit der Hexenverfolgungen hatte im Montafon um die Mitte des 17. Jahrhunderts ein Ende gefunden, obwohl es noch Bemühungen gab, weitere Hexenprozesse anzustrengen. So konnten die Montafonerinnen langsam aufatmen, da sie mit der Zeit nicht mehr den schlimmen und lebensbedrohlichen Folgen von Hexen-Bezichtigungen ausgesetzt waren. Damit war ein mächtiges Instrument der Frauendiskriminierung beseitigt. Am harten Frauenalltag, der nach wie vor von schwerer Arbeit geprägt war, hat sich im 18. Jahrhundert nicht viel geändert.

Schulbildung für alle Kinder

Einen enormen Fortschritt in Sachen Bildung brachte für Mädchen und Frauen die Schulreform von Kaiserin Maria Theresia 1774, die eine „Erziehung der Jugend beyderlei Geschlechts" vorsah und Grundlage für ein einheitliches Primarschulsystem war. Davor war das Erziehungs- und Bildungswesen nicht geregelt, doch es gab bereits Schulhäuser im Montafon, zum Beispiel in St. Gallenkirch (1654) und Silbertal (1731) sowie da und dort Unterricht vom Mesner oder geistlichen Herren.[38]

Wanderarbeit

Die Bevölkerung im Montafon konnte bereits im 16. Jahrhundert nicht mehr vom Ertrag der Landwirtschaft allein leben. Insofern galt das Tal schon sehr früh als überbevölkert. Die jahreszeitlich bedingte

[38] Eberhard Tiefenthaler: „Ein Freud ich hab zur Schreibenskunst..." Kalligraphie an Montafoner Schulen im 18. und 19. Jahrhundert. In: Montafon. Beiträge zur Geschichte und Gegenwart (= Bludenzer Geschichtsblätter Heft 24-26). Bludenz 1995, S. 300.

Auswanderung war notwendig geworden, um mit dem, was die Landwirtschaft an Erzeugnissen abwarf, durchzukommen und Geld für allerhand staatliche Abgaben zu verdienen. Wobei das „Geldverdienen" mehr auf die männlichen Wanderarbeiter, die ja meist gelernte Handwerker waren, zutrifft. Weibliche Wanderarbeiter und die Kinder unter den Wanderarbeitern („Schwabenkinder") wurden nicht solcherart entlohnt, dass sie viel Geld mit nach Hause bringen konnten. Der Hauptgrund ihres Weggehens war die Ernährung. Die Tätigkeit in der Ferne stellte ihre eigene Ernährung sicher und entlastete die Zuhausegebliebenen insofern, als eine Person weniger mit Nahrung zu versorgen war. Im 18. Jahrhundert scheinen die Not und der Zwang zur Wanderarbeit besonders stark gewesen zu sein:

Die Schwabenkinder

Kinder – Buben und Mädchen – versammelten sich bereits im März auf den Dorfplätzen und wanderten dann unter Begleitung einer erwachsenen Person nach Tettnang oder Ravensburg. Später verboten die Schulgesetze einen Auszug vor Ende April. Die Buben wurden von den dortigen Bauern vor allem zum Hüten der Tiere eingesetzt, die Mädchen vor allem als Mithilfe im Haushalt und in der Kinderbetreuung. Was es für die Kinder bedeutete, von zuhause weg zu müssen, können wir erahnen, wenn wir die Erinnerungen (aus dem 19. Jahrhundert) einer „Schwabengängerin" aus Schnifis in Vorarlberg lesen.[39]

Die Ährenleserinnen

Frauen waren ohne Ehemann und ohne Bauernhof besonders stark armutsgefährdet. Deshalb zogen, wenn in Südschwaben die Getreideernte begann, ganze Gruppen von Frauen und Mädchen dorthin, um als Erntehelferinnen zu arbeiten. Das war eine sehr schwere

[39] Regina Lampert: Die Schwabengängerin. Erinnerungen einer jungen Magd aus Vorarlberg 1864-1874. Zürich 1996.

Arbeit, die Regina Lampert vortrefflich schildert: „Am Montag vier Uhr morgens musste alles bereit sein zum Kornschneiden: acht bis zwölf Mann und ebensoviel Taglöhnerinnen und Mägde. Hinter jedem Kornschneider muss eine Person das Korn aufheben und zu Häckerle (Häufchen) zusammenlegen, schön in die Reihe. [...] Bis zum Mittagessen wird geschnitten. Nach dem Mittagessen gibt's eineinhalb Stund Ruhepause. Dann werden die Leute verteilt, die Kornhöckli werden gekehrt wegen dem Trocknen. [...] Die Frauen müssen die Kornhöckli zusammentragen zum Binden. Jede Garbe braucht fünf bis sechs Höckli."[40] Entlohnt wurden die Frauen mit Kost und Logis (allerdings oft nur im Heustall). Darüber hinaus durften sie nach der Tagesarbeit auf den abgeernteten Feldern die liegen gebliebenen Ähren auflesen. Manche Frauen wurden auch zum Kornschneiden eingesetzt.

Man kann sich die Mühsal eines so langen Arbeitstages, die körperliche Anstrengung durch das ständige Bücken – am Vormittag und Nachmittag in der Hitze der Sonne – heute wohl kaum mehr vorstellen. Auch nicht wie es ihnen ergangen ist, wenn sie ihre Tage hatten, vor allem in Anbetracht der Tatsache, dass es damals keine Hygieneartikel gegeben hat. Zu der schweren Arbeit kam auch noch oft das Heimweh und die Sehnsucht nach dem fernen Geliebten dazu. Trotzdem behielten sie ihren Humor bei und sahen die Wanderschaft auch von der heiteren Seite, wie in dem folgenden alten Montafonerlied zum Ausdruck kommt.

1. *Lustig sen d'Muntafuner Meiggana, fario.*
   Lustig, wer met üs will ida Ähara, fario.
   Früah zweg sen nu di lust'ga Lüt,
   schlöferigi Buaba bruch mr nüt. Fario

[40] Ebd. S. 72.

2. *Luag wia glanzat d'Margatsonna, fario...*
Wer wet üs do ds Singa vergwonna, fario.
Singa'n und Juza grad wia's ni gfreut,
lustig-si hot üs niamola greut. Fario, ...

3. *Sicheli wetza, Hälmli schnieda, fario,*
d'Schwobabuaba tuan mr mieda, fario...
Hansli, bliebst mr im Gäu?
Hansli, bliebst mr decht o treu? Fario, ...

4. *Hälmli schnieda, Sicheli wetza, fario.*
D'Oga tuats mr hüt scho netza, fario.
Ds Hematli, des vergiss i net,
und im Schwobaland blieb i net. Fario, ...

5. *Allig ka's net Sommer blieba, fario,*
dr Winter wörd üs scho vertrieba, fario.
Hansli denn ofm Kilkaplatz
Bin i wedr din liaba Schatz. Fario, ...[41]

Seit Jahrtausenden singen die Menschen, um seelisches und körperliches Wohlbefinden zu erzeugen. Auch die Wanderarbeiterinnen aus dem Montafon machten sich auf ganz natürliche Art die heilende Kraft des Gesangs zu Nutze und linderten damit ihren Abschieds- und Trennungsschmerz. Das Wegziehen von Zuhause geschah ja, wie bereits erwähnt, zumeist aus wirtschaftlicher Notwendigkeit und nicht aus reiner Reiselust, zumindest bei den Frauen. Bei den Männern spielte die Aussicht auf gute Verdienstmöglichkeiten, auf Freiheit und Abenteuer mit Sicherheit auch eine Rolle.

[41] Vorarlberger Walservereinigung (Hg.): Salzgeber. Eine alpenländische Chronik (= III. Rätikon – Montafon – Schruns). Rankweil 1981, S. 133.

Die Heuerinnen

Da die Heuernte in sehr hoch gelegenen Bergwiesen (1500 m und darüber) später anfällt als in niedrigeren Gebieten, zogen Montafoner Mädchen und Burschen nach Erledigung der Heuernte in der Heimat in die nahe gelegene Schweiz, um in den hohen Dörfern Graubündens als Heuerinnen beziehungsweise Heuer zu arbeiten. Überliefert ist, dass sich die Heuerinnen gerne mit jungen Burschen maßen, wer wohl zügiger eine Wiese abmähte. Wenn eine Heuerin ein junges Bürschlein überholte, konnte sie stolz verkünden: „De hon i us dr Mada gjagt." Die Heuerinnen und Heuer wanderten über Gargellen nach St. Antönien, Davos, Arosa und ins Schanfigger Tal. In der Kirchenchronik von Gargellen werden um 1750 30 bis 40 Passwanderer erwähnt. Die Arbeit in den steilen Hängen zwischen Tobeln und Felsen war sehr gefährlich. Trotz Schuhen (Knospen), deren Holzsohle mit Eisennägeln bearbeitet waren, kam es immer wieder zu (tödlichen) Unfällen.[42]

„Knospen" (ohne Nägel)

[42] Ludwig Vallaster: Heuer in Graubünden. In: Montafoner Heimatbuch. S. 642.

Die Zahl der Montafoner Wanderarbeiter muss im 18. Jahrhundert sehr groß gewesen sein. Konkrete Zahlen aus dem 18. Jahrhundert gibt es leider nicht. Doch finden wir für das Jahr 1835 recht genaue Zahlenangaben: In diesem Jahr zogen 2500 Menschen als Saisonarbeiter fort, davon 400 Kinder, 900 Frauen und 1200 Männer. Bei damals 2150 Familien im ganzen Tal trifft das mehr als einen Wanderarbeiter pro Familie.[43]

Frauenarbeit zuhause

Bäuerinnen und Dienstbotinnen

Der Großteil der Montafoner Frauen arbeitete im 18. Jahrhundert in der Landwirtschaft, als Bäuerinnen und als Dienstbotinnen. Die Arbeit der Frauen in der Landwirtschaft und im Haushalt hat keine gravierenden Erleichterungen erfahren. Wenn auch mit der Zeit die Häuser besser isoliert beziehungsweise verputzt, der Kochofen und die „Kuschtbank" erfunden und auch der Rauchabzug aus dem Haus verbessert wurden.[44] Die Arbeiten der Bauers- und Hausfrau sind dadurch nicht weniger geworden. Haupterwerbsquellen waren nach wie vor Viehzucht, Gras- und Ackerwirtschaft sowie Hanf- und Flachsanbau.

Noch im 19. Jahrhundert gab es beispielsweise in Schruns zwei Hanfreiben und eine Grammelhütte auf dem Kohlplatz zur gemeinsamen Benützung für die Dorfbewohner, die nach dem alten Grundsatz „Selbst gesponnen, selbst gemacht ist die schönste Bauerntracht" alles, was sie an Kleidung brauchten, selbst pflanzten und verfertigten.[45] Die Arbeitskraft der Ehefrau war nach wie vor

[43] Vorarlberger Walservereinigung (Hg.): Salzgeber. Eine alpenländische Chronik. S. 136.
[44] Friedl Haas: Das Montafonerhaus und sein Stall (= Montafoner Schriftenreihe 3). Bludenz 2001, S. 130.
[45] Viktor Kleiner: Aus der Geschichte von Schruns (= Gedenkblätter zur Markterhebungsfeier am 1. Juli 1928). Schruns 1928, S. 14.

ein wichtiger Faktor für das wirtschaftliche Überleben der Familie. Zusammen mit dem Ehemann sicherte sie den Lebensunterhalt der Familienmitglieder.

Frauen haben sich aber nicht nur um Hausarbeit oder die Herstellung von Stoff beziehungsweise Kleidung gekümmert. Sie haben am Hof zuhause auch einen wichtigen Beitrag in der Tierhaltung und Aufzucht geleistet. Edwin Grabherr erzählt davon in der berührenden Geschichte, „Auf dem Schrunser Markt":[46] Das Amreili, ein „frisches Meiggele" kommt in seiner farbenstrahlenden Montafonertracht auf den Markt, um ihr braunes Rindlein, ihren Liebling zu verkaufen. Sie verlangt einen fürchterlich hohen Preis, weil sie das Tier eigentlich gar nicht hergeben möchte. Doch es findet sich ein Käufer, der von Amreilis großen Kenntnissen in der Stallwissenschaft und der Viehzucht beeindruckt ist. Er zahlt den hohen Preis und das Amreili muss sich von dem Rind trennen. So kommt es zum Abschied, den der Autor mit folgenden Worten beschreibt:

„Jetzt will dem Meiggi fast das Herz brechen. Es springt zu seinem Liebling, dem es soviel getan hat und der ihm wie ein Hündlein folgt und aus der Hand frisst, und streichelt ihn noch einmal. Es kann sich nicht mehr länger halten. S'focht a z'rära, dass as das ganz Meiggi schüttlat, und rärat bis zor Landbrogg ihi. Dua denkt's o weder a dia viela Goldstückli und a das schö Stallgäld. ‚Und Vater und Muatter werden o froh si, ma ka jätzt decht o weder z'Hemat zisa und dahemat bliba.' "[47]

„Zisa" heißt Geld erwirtschaften. Wenn die Bauersleute also durch Zucht und Verkauf von Rindern zu Geld kamen, dann konnten sie zuhause bleiben und niemand aus der Familie musste zur Saisonarbeit in die Ferne ziehen. 1752 erteilte Kaiserin Maria Theresia dem Tale Montafon das Recht, jährlich zwei Viehmärkte in Schruns abzuhalten, den einen am 2. April, den anderen am 22. September.[48]

---

[46] Edwin Grabherr: Auf dem Schrunser Markt. In: Vorarlberger Lesebuch, 2. Teil, Heimat und Vaterland. Dornbirn 1957, S. 310-312.
[47] Ebd. S. 312.
[48] Viktor Kleiner: Aus der Geschichte von Schruns. S. 11.

Postkarte 1930

Lohnarbeit gab es für die Frau vor allem als Dienstbotin sowie als Hebamme. Besonders erstrebenswert war der Beruf einer Dienstbotin nicht, zumal weibliche Dienstboten viel schlechter bezahlt wurden als männliche, und die allgemeine Dienstbotenordnung nicht nur verbale Beschimpfungen, sondern auch körperliche Züchtigungen von Seiten des Arbeitgebers zuließ.[49] Die Selbstständigkeit als Dienstbotin hatte also einen hohen Preis, wenn man bei der schlechten Bezahlung überhaupt von Selbstständigkeit und nicht von Leibeigenschaft reden darf.

Hebammen und Lehrerinnen

In geachtete Verhältnisse gelangte eine Frau entweder durch Heirat oder den Eintritt in ein Kloster. Aus eigener Kraft in eine gehobene Position zu kommen, war nur ganz wenigen Frauen möglich und

[49] Karl Heinz Burmeister: Die rechtliche und soziale Stellung der Frau im Zeitalter der Aufklärung. In: Alois Niederstätter und Wofgang Scheffknecht (Hg.): Hexe oder Hausfrau. Das Bild der Frau in der Geschichte Vorarlbergs. Sigmaringendorf 1991, S. 118.

zwar als Hebamme und vielleicht als Lehrerin. Leider sind mir im Montafon weder Hebammen noch Lehrerinnen aus dieser Zeit namentlich bekannt, wobei es Hebammen mit Sicherheit gegeben hat, Lehrerinnen eher nicht. In der alpenländischen Chronik[50] sind weibliche Lehrpersonen erst ab 1896 erwähnt und zwar an der Volksschule Gamplaschg (= Parzelle von Schruns), in der zirka 100 Jahre vorher, also Ende des 18. Jahrhunderts der Unterricht aufgenommen wurde. Doch es ist anzunehmen, dass die Ehefrauen der Lehrer, die meist neben der Schule wohnten, im Schatten ihrer Männer Erziehungs- und Bildungsaufgaben übernommen haben. Diese Situation hat damit zu tun, dass es in Maria-Theresianischer Zeit zwar Absichtserklärungen gab, dass Mädchen am besten von Lehrerinnen gebildet werden sollten, doch in der Praxis Frauen keine staatliche Lehrausbildung erhielten. Frauen wurden zum damaligen Zeitpunkt an den „Normalschulen", die der Ausbildung der Lehrer dienten, nicht aufgenommen. Frauenbildung war bis auf die öffentlichen Volksschulen Sache der Frauenorden. Eine entscheidende Änderung brachte erst das Reichsvolksschulgesetz von 1869.

Seit dem 18. Jahrhundert wurde die Hebamme von einer öffentlichen Korporation (Gericht, Gemeinde usw.) angestellt und erfüllte neben ihrer Tätigkeit als Geburtshelferin öffentliche Aufgaben als Gutachterin in Fällen von Abtreibung, von Kindsmord oder außerehelichem Verkehr. Auf die Ausbildung der Hebammen wurde immer mehr Wert gelegt, sodass gegen Ende des 18. Jahrhunderts die Absolvierung eines eigenen Universitätslehrgangs an der Universität Innsbruck gefordert wird.[51] Das festigte einerseits den gesellschaftlichen Stand der Hebammen, andererseits wurden ihre medizinischen Tätigkeiten sukzessive von der männlichen Ärzteschaft eingeschränkt. So wurden sie verpflichtet, bei Komplikationen den Arzt zu Rate zu ziehen und jegliche chirurgische Arbeiten ihm

[50] Vorarlberger Walservereinigung (Hg.): Salzgeber. Eine alpenländische Chronik. (III. Rätikon – Montafon – Schruns) Rankweil 1981.

[51] Karl Heinz Burmeister: Die rechtliche und soziale Stellung der Frau im Zeitalter der Aufklärung. In: Hexe oder Hausfrau. S. 118 f.

vorzubehalten. Auch die autonome Verabreichung von Medikamenten durch Hebammen wurde sehr beschränkt.[52] Insofern war es bis zum Ende des 18. Jahrhunderts mit der Souveränität dieses traditionellen und angesehenen Frauenberufes vorbei. Die männliche Ärzteschaft hatte endgültig die Kontrolle über die Geburtshilfe übernommen.

Frömmigkeit

Wallfahrt und Votivtafeln

Im 18. Jahrhundert erfreut sich ein besonderer Wallfahrtsbrauch immer größerer Beliebtheit – die Opferung einer Votivtafel an einer der vielen Gnadenstätten des Montafons. Die Anlässe, ein solches Bild malen und an dem Gnadenort anbringen zu lassen, sind vielseitig. Die Votivtafeln dokumentieren einen sehr lebendigen Glauben an das Wirken beziehungsweise die Hilfe himmlischer Gnadenmittler und sind Zeugnisse direkter Kommunikation zwischen den Menschen und dem himmlischen Gnadenmittler beziehungsweise der himmlischen Gnadenmittlerin.

Große Anziehungskraft hatte die Tschaggunser Wallfahrtskirche mit ihrem Gnadenbild der schmerzhaften Muttergottes. Bei der männlich geprägten Theologie mit ihrem richtenden und strafenden Gott stellten die Wallfahrtsorte wahre Zufluchtsorte für die Gläubigen dar.

Mit großer Zuversicht wandten sie sich in ihren materiellen und geistigen Nöten an die himmlischen Helfer. Konkrete Anlässe für ein Wallfahrtsgelübde und die Stiftung einer Votivtafel waren Unglücksfälle im täglichen Leben, bei der Arbeit in Haus und Hof, und drohende Verluste des Eigentums. Da die Tiere für die Montafoner Bauern eine

[52] Franz Severin Berger, Christiane Holler: Von der Waschfrau zum Fräulein vom Amt. Frauenarbeit durch drei Jahrhunderte. Wien 1997, S. 43 f.

wichtige Erwerbsquelle waren, richtete sich ihre besondere Sorge auf dieses Eigentum. Nicht nur Viehkrankheiten und -seuchen, sondern auch Unfälle auf den oft gefährlichen Sommerweiden der Maisäße und Alpen bedrohten ihren kostbaren Viehbesitz. So haben Bauern, und häufiger Bäuerinnen die Gnadenstätten im Montafon aufgesucht und um himmlischen Schutz gebetet.[53] Am Tag Mariä Geburt pilgerten Hunderte von Frauen selbst aus den abgelegenen Teilen des Tales nach Tschagguns, um an dem religiösen Marienfest in der Wallfahrtskirche „zu unserer lieben Frau Mariä Geburt" teilzunehmen.

Tschaggunser Gnadenbild (Mitte 15. Jahrhundert)

[53] Klaus Beitl: Die Votivbilder der Montafoner Gnadenstätten (= Montafoner Schriftenreihe 7). Schruns 2002, S. 53.

Tschagguns war urkundlich schon 1431 eine selbstständige Pfarrgemeinde, aber bereits 1339 wurde hier eine Kirche erwähnt. Wie wir heute wissen, wurden ab etwa 590 an den Orten, wo früher heidnische Heiligtümer standen und heidnische Kulte gefeiert wurden, christliche Kirchen und insbesondere Wallfahrtskirchen errichtet. Vielleicht wurde in vorchristlicher Zeit da, wo die Tschaggunser Wallfahrtskirche steht, eine Muttergottheit verehrt. In Montafoner Sagen sind uns Namen von weiblichen Gottheiten (zum Beispiel: Rätia, Madrisa) überliefert. Das große Interesse, das in der heutigen Zeit den alten Sagen geschenkt wird (zum Beispiel: Buchneuerscheinungen zu den Montafoner Sagen, Sagenspiele auf der Freilichtbühne Silbertal), macht deren kulturhistorische Bedeutung und Faszination deutlich. Durch die Innenrenovierung und Umgestaltung der Wallfahrtskirche Tschagguns in den 1990er Jahren hat sie ihre Anziehungskraft für die Pilger von nah und fern verloren.

Volksmission

Ein weiterer interessanter Aspekt der Frömmigkeit dieser Zeit ist die Einführung der Volksmission. Die erste wurde 1721 in Schruns von zwei Jesuitenpatres aus Feldkirch durchgeführt. Die Menschen strömten von allen Orten des Montafons nach Schruns, um die Worte der beiden Geistlichen zu hören. Was sie zu hören bekamen, muss sie tief in der Seele berührt haben, denn die Folgen der Missionsbotschaft waren durchschlagend:

- Menschen, die sich zuvor mit Prozessen und großem Hass verfolgten, waren plötzlich bereit zur Versöhnung.
- Die Jugendlichen beziehungsweise jungen Erwachsenen bereuten, dass sie sich, so wie es auch schon ihre Eltern taten, zum näheren Kennenlernen und Austausch von Zärtlichkeiten nächtlich miteinander trafen (= *z'Hengert go*) und sahen nunmehr davon ab.

- Das bereits 1615 erbaute Tanzhaus wurde abgerissen und an diesem Ort ein Missionskreuz errichtet.

- Eine Stiftung wurde errichtet für einen eigenen Alpenseelsorger, damit die zirka vierzig Familien, die einen großen Teil des Jahres in den Alpen wohnten, die Heilige Messe, die Predigt und Katechese nicht mehr entbehren sollten.[54]

Wenn wir uns diese Folgen anschauen, können wir uns des Eindrucks nicht erwehren, dass diese geistlichen Herren bei den Frauen, Männern und Jugendlichen so etwas wie eine Gehirnwäsche ausgelöst haben. Wie diese zustande kam, können wir heute nur noch vermuten.

Die Menschen damals lebten auf ihren Höfen in einer Stille, die noch von keinem Motorengeräusch, Radio und dergleichen unterbrochen wurde. Zum geschriebenen Wort hatten sie auch so gut wie keinen Zugang. Dadurch waren sie für Reize sehr offen und empfänglich.

Dazu kam, dass die Patres, als Repräsentanten der Kirche, eine unantastbare Autorität besaßen. Diese Autorität, gepaart mit einer ausgezeichneten Redegewandtheit, hat wahrscheinlich schon genügt, um die Menschen zu faszinieren. Aber die beiden Geistlichen hatten vermutlich noch mehr zu bieten: eine tiefe, zum Fanatismus tendierende, religiöse Überzeugung und schlagende Argumente von der ewigen Verdammnis als Strafe für moralische Fehlhaltungen.

Auch die Wirkung der Menge spielte sicher eine Rolle. Aus der Massenpsychologie wissen wir, dass da, wo viele Menschen auf einem Platz zusammen sind, Gefühle intensiviert werden und sich die (aufgestaute) emotionale Energie lebhaften Ausdruck verschafft. So ist es erklärbar, dass die Montafoner, deren Eigensinn und Freiheits-

[54] Vorarlberger Walservereinigung: Salzgeber. Eine alpenländische Chronik. S. 62 f.

liebe vielfach erwähnt werden, sich so beeinflussen ließen. Die Volksmission hat auch künftig noch großen Eindruck hinterlassen, vor allem bei Frauen, worüber ich später noch berichten werde.

Die aus Tirol stammende Redewendung „auf der Alm, da gibt's koa Sünd" zeigt, dass die Menschen auf den Alpen und Maisäßen relativ frei von der moralischen Kontrolle der kirchlichen Obrigkeit waren. So hat es dort auch im Montafon nach Feierabend so manches gesellige Zusammensein und Tänzchen zu nächtlicher Stunde (was sonst ja verboten war) gegeben. Bei der vielen und oft beschwerlichen Arbeit, dem Kampf ums Überleben, war dies ein schöner Ausgleich. Dennoch war dieses Treiben den Wächtern über Sitte und Moral sicher ein Dorn im Auge. Ein eigener Alpenseelsorger sollte wohl vor allem dieses „Problem" lösen.

Alpe Latschätz 1985

Kriegsnot im 18. und 19. Jahrhundert

Zwischen 1796 und 1799 waren Montafoner Schützen in kriegerische Auseinandersetzungen mit französischen Truppen verstrickt. Die Kämpfe fanden in Feldkirch und am Schlappiner Joch bei Gargellen statt. Für die Frauen bedeutete dies, auf manche männliche Arbeitskraft am Hof zu verzichten und sich darüber hinaus um das Leben ihrer Männer und Söhne zu sorgen. Als die Napoleonischen Truppen im Jahr 1800 das Tal besetzten, mussten die landwirtschaftlichen Erträge auch noch mit den französischen Soldaten geteilt werden.[55] Keine leichte Zeit für Männer und Frauen, und die Situation wurde im 19. Jahrhundert nicht besser.

Von 1805 bis 1814 gehörten das Montafon und Vorarlberg zu Bayern, und es gab einerseits Vorschriften, die die Freiheit der Montafoner einschränkten. Andererseits führte die bayerische Regierung auch viele Reformen durch, die eine Verbesserung der Lebensumstände mit sich brachten. Diese wurden auch nach der bayerischen Herrschaftszeit beibehalten. In Vorarlberg selbst waren keine bayerischen Truppen stationiert, sodass österreichisches Militär – verstärkt mit einheimischen Freiwilligen – 1809 ungehindert in Bregenz einziehen und bis nach Konstanz vordringen konnte. Im Gegenzug drangen Bayern, Württemberger und Franzosen ins Vorarlberger Alpenrheintal vor, wo sie jedoch von der Landesverteidigung vorerst geschlagen wurden. Anfang August brach dann der Widerstand der Vorarlberger zusammen, als starke württembergische und französische Verbände Vorarlberg besetzten und 177 Geiseln aus allen Landesteilen nach Belgien brachten.[56] Als Bayern sich entschloss am Russlandfeldzug Napoleons teilzunehmen, flohen junge Männer aus Vorarlberg in die Schweiz, um nicht als Rekruten ins bayerische Heer eingezogen zu werden.[57]

---

[55] Ludwig Vallaster: Kriegsschäden. In: Montafoner Heimatbuch. S. 418 f.

[56] Alois Niederstätter: Die „bayerische Knechtschaft". Vorarlberg in den Jahren 1805 bis 1814. (= Vortrag, gehalten am 28. Mai 08 in Schruns). Quelle: www.landesarchiv.at.

[57] Karl Ilg: Landes- und Volkskunde. Geschichte, Wirtschaft und Kunst Vorarlbergs. Innsbruck 1967, S. 399.

Jene Montafoner Männer, die nicht geflüchtet sind, mussten mit den Bayern 1812 in den Feldzug Napoleons gegen Russland ziehen. Das bedeutete, im Heer der ehemaligen Feinde zu kämpfen. 26 Männer aus verschiedenen Ortschaften des Montafons sind aus diesem Feldzug nicht mehr zurückgekehrt und später für tot erklärt worden.[58] Zurück blieben Frauen, die um ihre Söhne und Männer weinten, Kinder, die ohne Väter aufwachsen mussten.

Das Frauenbild im Vorarlberg des 18. Jahrhunderts

Einen Eindruck von dem gängigen Frauenbild gibt ein gegen Ende des 18. Jahrhunderts verfasstes Traktat mit dem Titel „Die rechtschaffene Jungfrau"[59], das ich hier in Auszügen wiedergebe:

Die Augen soll sie vor „allen eitlen Gegenwürfen" verschließen; die Ohren „keinem eitlen Geschwätz offen" stehen; die Zunge hält sie im Zaum und ist nur im Gebet beredt; die Hände sind niemals müßig, emsig beschäftigt sie sie in den Arbeiten ihres Standes, wie es der Gehorsam bestimmt; den Füßen „gestattet sie keine andere Freyheit als von zu Haus in die Kirch und aus der Kirch wieder nach Haus" zu gehen, „sie steht nicht still auf Wegen und Gassen herum, noch weniger setzt sie sich bei Gesellschaften nieder [...]." Ruhe pflegt sie zur ordentlichen Zeit, schläft aber nicht zu lang, „damit sie keine Trägheit zügle. Bey der Nacht ist niemand ihr Freund als der Engel, der ihr Bettlin beschützt."

Interessant ist, dass parallel dazu kein Traktat über den rechtschaffenen Jüngling überliefert ist. Möglicherweise ließen Männer es nicht zu, in einen moralischen Verhaltenskodex gedrängt zu werden.

---

[58] Ludwig Vallaster: Kriegsschäden. In: Montafoner Heimatbuch. S. 419.

[59] Vorarlberger Landesarchiv, Misc. 260/25. Zitiert nach Karl Heinz Burmeister: Die rechtliche und soziale Stellung der Frau im Zeitalter der Aufklärung. S. 115.

Heute können wir über das in diesem Text gezeichnete Frauenbild schmunzeln, weil wir es überwunden haben. Aber für die Frauen damals gingen damit einengende Verhaltensvorschriften einher, die sich bis Anfang des 20. Jahrhunderts gehalten haben. So weiß ich von meinen Großmüttern, dass es für Frauen unschicklich war, Zeit mit Bücherlesen zu verschwenden anstatt Hand- oder Flickarbeiten zu machen. Es war auch verpönt, länger oder öfter in den Spiegel zu schauen. Eine Frau, die das tat, galt als hoffärtig, und Hoffart (Eitelkeit) ist eine der sieben Todsünden. Es gab in ihrer Jugend den Spruch: „Wenn Du so lang in Spiagl luagst, kunnt of emol z'Tüfili usser."

Vor und nach der Sonntagsmesse standen Männer zusammen und unterhielten sich. Für Frauen schickte sich das nicht. Sie gingen nach Hause, um das Mittagessen zu kochen, während Männer im Gasthaus noch einen „Frühschoppen" nahmen. Der Gasthausbesuch war für Frauen ohne männliche Begleitung anrüchig. Nicht zu vergessen, dass einer Frau, die schwanger wurde, bevor sie geheiratet hat, zeitlebens vorgeworfen wurde: „Dia hot hürota müaßa." Außerdem sollte sich eine Frau in den letzten Monaten der Schwangerschaft nicht mehr in der Öffentlichkeit zeigen. Das galt als unanständig. Eine verheiratete Frau sollte auch keine Zeit für eine Frauenfreundschaft verschwenden, sondern sich ganz ihrem Ehemann, den Kindern, wenn welche da waren, und dem Haushalt widmen. Ledige Kinder und deren Mütter hatten keinen guten Stand in der Gemeinschaft.

Der gesellschaftliche Verhaltenskodex ebenso wie die juridischen Bestimmungen räumten den Frauen nicht viele Gestaltungsmöglichkeiten ein. Kein Wunder, dass sie über die Jahrhunderte subtile Formen der Einflussnahme über ihre Männer entwickelten.

Rückschlüsse auf weibliche Eigenschaften

Kennzeichnend für das 18. Jahrhundert (und auch noch für das 19. Jahrhundert) ist sicher die saisonale Arbeit der Frauen im benachbarten Ausland (Deutschland und Schweiz). Diese Arbeit verlangte von ihnen körperliche Kraft und Gesundheit, Geschicklichkeit, Verantwortungsbewusstsein und geistige Beweglichkeit. Neben diesen Eigenschaften mussten sie auch offen für Neues, flexibel und anpassungsfähig sein. Wie sonst hätten sie in der Fremde bestehen können? Auch psychische Robustheit war eine unabdingbare Voraussetzung, damit sie nicht schwermütig und arbeitsunfähig wurden vor Heimweh, Sehnsucht nach dem Geliebten, Sorge und Angst um die zuhause gebliebenen Angehörigen oder um den Partner, der sich in der Zwischenzeit vielleicht eine andere „anlachen" könnte, wie in dem Lied der Ährenleserinnen zum Ausdruck kommt. Die Wanderarbeiterinnen mussten fähig sein zusammenzuhalten, da sie nur in der Gruppe auf den zum Teil langen Fußmärschen geschützt waren und in der Fremde nicht gänzlich in die Abhängigkeit der Arbeitgeber gerieten. Die Frauen haben sich gegenseitig Halt gegeben im miteinander Singen, Lachen und Fröhlichsein, im Austausch über ihre größten Sorgen und Nöte. Das nennen wir heute kommunikative, soziale und emotionale Kompetenz.

Ein Schwerpunkt ihrer Tätigkeiten bezog sich unmittelbar auf die Deckung existentieller Grundbedürfnisse, wie dem Bedürfnis nach Nahrung, Kleidung und Fürsorge. Nahrungszubereitung, Kindererziehung, Pflege alter oder kranker Angehöriger und die Herstellung von Kleidung lagen gänzlich in der Verantwortung der Frauen. Sie sorgten also einerseits für den materiellen Lebensunterhalt und andererseits für die individuelle Lebenserhaltung der einzelnen Familienmitglieder. Diese Leistung der Frauen gilt es auch zu würdigen. Schließlich ist das Leben das Kostbarste, was es gibt. Die lebenserhaltenden Dienste der Frauen wurden jedoch als von der Natur vorgegeben gesehen und fanden keine besondere gesellschaftliche Achtung. So erwarben Frauen sich Bescheidenheit und Zurückhaltung, was ihnen nicht immer zum Vorteil gereichte, aber sie verloren dadurch auch nie den Blick für das Wesentliche.

Nun aber zurück zu den Eigenschaften der Montafonerinnen im 18. Jahrhundert. Die Frauen im Montafon mussten in diesem Zeitraum über großes handwerkliches Geschick verfügen, um beispielsweise Kleidung von der Gewinnung des Rohmaterials bis zum fertigen Produkt herstellen zu können. Sie mussten auch praktisch und vorausschauend denken, da die Fertigung der Kleidungsstücke einige Zeit in Anspruch nahm und, wenn es zum Beispiel plötzlich sehr kalt wurde, nicht noch schnell ein Paar warme Socken gekauft werden konnten, falls die alten zu klein oder löchrig geworden waren. Neben Umsicht und Fleiß war auch Einfühlungsvermögen in die Bedürfnisse der anderen Familienmitglieder nötig. Nur so konnten sie dafür sorgen, dass alle möglichst gesund blieben und die Kinder gediehen.

Frauen eigneten sich auch großes Wissen in der Viehzucht an, die bislang meist als Domäne der Männer gesehen wurde. So lassen sich die weiblichen Kompetenzen noch ergänzen durch Gelehrsamkeit, Hausverstand und logisches Denken sowie der Fähigkeit, Zusammenhänge zu erkennen und richtig darauf zu reagieren.

In Anbetracht der neu entdeckten Faszination alter Sagen sei an dieser Stelle darauf hingewiesen, dass es vor allem Großmütter waren, die ihren Enkelkindern die überlieferten Geschichten erzählten und auf diese Weise die Erinnerung an vorchristliche Mythen wach hielten – Mythen, in denen autonome Frauengestalten (Fengginnen, Salige Frauen) eine bedeutende Rolle spielen.

Auf dieses Erbe dürfen die Montafonerinnen auch heute noch stolz sein. So möchte ich an dieser Stelle all jener Frauen und im Besonderen meiner Urahnin Maria Rudigierin aus Gaschurn und ihrer 1756 geborenen Tochter Anna Maria Tschofen (Bäuerin) gedenken. Der Grund meines Gedenkens ist Dankbarkeit: Dankbarkeit für die Liebe, die diese Frauen gegeben, empfangen und gesät haben. Wir wissen heute, dass ohne Liebe menschliches Leben nicht gedeihen und gelingen kann. Nicht nur Technik und Fortschritt sind dafür verantwortlich, dass es uns heute erspart bleibt, all unsere Fähigkeiten für den Kampf ums Dasein einzusetzen. Wir verdanken unsere individuellen Freiräume und Möglichkeiten auch dem stillen Wirken der Frauen, der Liebe und Fürsorge, die sie ihren Kindern und Angehörigen angedeihen ließen. Schließlich ist es nicht die Technik, die uns lehrt, wie wir leben sollen. Unsere Ahninnen, die den Kampf ums Dasein im Zentrum der Groß-Familien und in tiefer Verbindung mit der Natur tapfer geführt haben, sind Mitbegründerinnen unseres heutigen Wohlstands und Wohlseins. Das verdient unseren Respekt.

Die Montafonerin im 19. Jahrhundert

Frauenrelevante Entwicklungen

Wanderarbeit

Wie im 18. Jahrhundert gingen auch im 19. Jahrhundert viele Montafonerinnen und Montafoner einer Saisonarbeit in der Fremde nach. Abschieds- und Trennungsschmerz gehörten zum Alltag. Nicht nur die saisonale Arbeit, auch die Verwicklung von Männern in kriegerische Handlungen verursachte manch große Qual.

Der zeitgenössische Mundartdichter, Johann Baptist Biedermann, Rechtsanwalt und Taubenwirt in Schruns, erzählt in seinem Gedicht „Ds Gantbartlis Chrestina"[60] über ein Frauenschicksal dieser Zeit:

Ds Gantbartlis Chrestina sieht schon lange sehr schlecht aus. Speis und Trank schmecken ihr nicht mehr und sie wird immer schwächer, sodass die anderen annehmen, sie sei schwanger oder sie zehre aus wie ihre Großeltern. Als der Frühling ins Land zieht, ist sie fast nur noch ein Schatten ihrer selbst. In ihrer großen Not sucht sie Zuflucht beim Venser Gnadenbild. Nachdem die Blüte des Sommers vorbei und das Heu eingebracht ist, ist sie immer noch sehr krank. Auch der Herbst geht vorbei, ohne dass sie gesundet. Als die ersten Schneewehen einsetzen, klopft es an ihrer Tür. Es ist ihr treuer Geliebter, Christof, der aus dem Welschland vom Krieg mit den Franzosen zurückkehrt. Sie liegen sich sogleich in den Armen und „d'Chrestina ist gsond of dr Stell."

[60] Johann B. Biedermann: Ds Gantbartlis Chrestina. In: Walter Lingenhöle (Hg.): Muattersproch. Mundartdichtung des 19. Jahrhunderts aus Vorarlberg. Bregenz 1992, S. 274 f.
[61] Ebd. S. 272.

In einem anderen Gedicht, „Hot a liabs Kind"[61], vermittelt er den Aspekt der Wanderarbeit im Kummer eines Mädchens, dessen Geliebter sich in der Fremde mit einer anderen verbunden hat. Der Autor möchte das Mädchen, das aus Gram schon sehr schwach und blass geworden ist, trösten. Er verweist auf den Wechsel von Tag und Nacht und auf den Einzug des Frühlings nach einem langen Winter. So hat auch der Schmerz irgendwann sein Maß erreicht („s´hot alls zlötscht a Pfacht") und eine andere Mutter „hot o a liabs Kind."

Landwirtschaft und gewerbliches Unternehmertum

Immer mehr Bauern betrieben ihre Landwirtschaft im Nebenerwerb und verdienten ihr Geld im Handwerk und Gewerbe. Darin zeichnete sich ein allmählicher gesellschaftlicher Wandel ab. Die Menschen, die bis dahin fast ausschließlich von der Landwirtschaft und Wanderarbeit lebten, erschlossen sich zuhause neue Erwerbsquellen. Die Möglichkeiten, die sich für Frauen durch diese Veränderungen auftaten, erscheinen zu denjenigen der Männer eher bescheiden.

Aus den Akten des Bezirksamtes Montafon von 1850 bis 1868[62] wird ersichtlich, dass es damals schon Frauen gegeben hat, die als selbstständige Unternehmerinnen tätig waren. In diesen 18 Jahren wurden Gewerbebewilligungen an 46 Frauen ausgesprochen.

[62] Vorarlberger Landesarchiv, Rep. 14-201 Bezirksamt Montafon. www.vorarlberg.at/wai/vorarlberg/bildung_schule/bildung/landesarchiv/weitereinformationen/bestaende_online-findbuec/montafon_ bezirksamt.htm – Abgerufen im Jänner 2007.

Diese 46 Frauen waren in 13 verschiedenen Gewerben tätig:

- Gewerbebewilligung zum Hadersammeln[63] (2 Frauen)
- Hausierbewilligung (29 Frauen)
- Krämergewerbe (5 Frauen, davon 1 mit Melbergewerbe[64] zusätzlich)
- Brothandel (2 Frauen)
- Nagelschmiedegewerbe (1 Frau, verwitwet)
- Tabakverschleiß (1 Frau)
- Wirtsgewerbe (1 Frau, Adler in Lorüns)
- Brothausiergewerbe (1 Frau)
- Essighandel (1 Frau)
- Branntweinbrenngewerbe (1 Frau, Löwenwirtin in Schruns)
- Stickstücklieferantengewerbe (1 Frau)
- Schnittwarenhandel (1 Frau)

Demgegenüber stehen im gleichen Zeitraum 315 Männer, die eine Gewerbebewilligung erhielten. Das sind fast sieben mal so viel wie Frauen. Dieses Ungleichgewicht kommt dadurch zustande, dass Frauen aus den Zünften ausgeschlossen waren und auch keine weiterführenden Ausbildungsmöglichkeiten hatten. So erklärt sich auch die wesentlich größere Anzahl an Berufsmöglichkeiten für Männer. An Männer wurden im genannten Zeitraum Berechtigungen in 58 verschiedenen Gewerben erteilt. Die gewerblichen Berufsmöglichkeiten für Frauen waren also um ein Vielfaches geringer als die der Männer.

Bei genauerer Betrachtung fällt auf, dass die Frauen damals im Wesentlichen Hausieren gegangen sind. Die Gewerbeberechtigung fürs Hausieren musste jedes Jahr erneuert werden, womit die Personen, die dafür ansuchten, zu Bittstellern gemacht wurden. Unnötig zu erwähnen, dass dieser Beruf tief unten in der Sozialleiter stand. Noch tiefer unten stand noch das Hadersammeln und das Betteln.

[63] Hadersammlerinnen durften in einem bestimmten Bezirk von Haus zu Haus ziehen und um unbrauchbar gewordene Stoffe und Gewebe (= Hader) bitten. Die Hader wurden damals für die Papierherstellung benötigt.

[64] Das Melbergewerbe berechtigte zum Handel mit Mehl.

Bei den Männern finden wir Hausierer ebenfalls stark vertreten, aber auch Schuster, Schreiner, Branntweinbrenner, Sensenhändler, Küfer, Schneider, Zimmerer, Krämer und Wirte.

Gewisse Möglichkeiten hatten die Montafonerinnen also im Handel. Insofern brachte das in Schruns 1775 erlangte Recht, Märkte zu halten, Frauen möglicherweise auch zusätzliche Einnahmequellen und damit ein kleines Stück Unabhängigkeit.

Hausarbeit

Die Hausarbeit blieb bei den Frauen und bedeutete immer noch Schwerarbeit. Denken wir nur an das Wäsche waschen in einer Zeit, wo Windeln und Taschentücher noch aus Stoff waren und jeder einzelne Waschvorgang die Körperkraft der Frau erforderte: Das Befüllen eines Schaffs oder Bottichs mit Wasser zum Einweichen der Wäsche, das Auswringen der eingeweichten Wäsche, das erneute Befüllen mit Wasser, das Hin- und Herbewegen der Wäsche in der Lauge, das Herausnehmen und Bürsten der einzelnen Wäschestücke, das Rumpeln der Wäschestücke auf der Waschrumpel, das Feuer machen unter einem Bottich mit Waschlauge zum Auskochen der Wäsche, das Herausheben der wassergetränkten, zum Teil sehr schweren Wäschestücke (zum Beispiel Bettwäsche) und das Schwemmen im klaren Wasser, das Auswringen und Aufhängen der Wäsche auf meist im Freien aufgespannten Schnüren, das Abnehmen der trockenen Wäsche, das Hineintragen ins Haus und das Bügeln mit einem Kohlebügeleisen (= Bügeleisen, in das glühende Kohle gefüllt wurde, damit die Bügelfläche heiß wurde).

Neben dem schweren Heben und dem vielen Bücken war auch der intensive Hautkontakt mit der Waschlauge eine Strapaze. Gummihandschuhe gab es noch nicht. Wären Frauen empfindlich gewesen, hätten sie die oft mit durchdringenden Gerüchen behaftete, schmutzige Wäsche gar nicht in die Hand genommen. Es gilt zu bedenken, dass sich die Menschen damals nicht jeden Tag geduscht und frisch gekleidet haben.

Eine Neuerung im Haushalt und in der Hausarbeit brachte die in den 1870er Jahren aufgekommene Verwendung von Tellern. Aus der Sicht der Hausfrau bedeutete dies, dass der Abwasch jetzt länger dauerte als zu der Zeit, in der noch alle aus einer Pfanne aßen.

Tischkultur 1924

Der Lehrberuf

Ende des 19. Jahrhunderts gab es im Montafon, wie bereits erwähnt, erstmalig weibliche Lehrpersonen.[65] Wir können uns eine Vorstellung davon machen, wie Frauen dieses Berufsstands von den Menschen damals wahrgenommen wurden, wenn wir die Erzählungen von Ruth Gmeiner[66] auf uns wirken lassen. Sie unterrichtete etliche Jahrzehnte später als ganz junge Lehrerin im Schuljahr 1947/48 in der Volksschule Bitschweil. Die kleine Bergschule war nur durch einen einstündigen Fußmarsch von Tschagguns erreichbar. Die Schülerinnen und Schüler kamen aus insgesamt drei Bauernfamilien. Die junge Lehrerin, Ruth Eberharter (verheiratete Gmeiner), stammte aus Feldkirch und war bei der Familie Schuchter untergebracht, mit der sie auf engstem Raum zusammenlebte. Die Hausfrau und Bäuerin, deren Alltag mit körperlicher Arbeit ausgefüllt war, konnte der zum Teil sitzenden Tätigkeit der Lehrerin wenig Wertschätzung entgegenbringen. In einem Mundartgedicht beschreibt Frau Gmeiner was die Bäuerin von ihr, der Lehrerin, hielt:

„Nüt schaffa, halbi Täg hockt sie ful umanand, [...]
Ich, wo ich dr ganze Tag so schind und schaff,
möchts emol so schö ho wia der Aff. [...]
Etscha amol muaß sie mit da Gagla kiba
Und manchmal bis tüf i'd Nacht ihi schrieba.
Aber hejaha, daför muaß ma sie zahla.
Mir tät des Gschäftli amol net schlecht gfalla.
So muaß i miar d'Be usam Födli springa,
was z'Fräulein verlangt, des muaß i iar bringa."[67]

[65] Vorarlberger Walservereinigung (Hg.): Salzgeber. Eine alpenländische Chronik (III. Rätikon – Montafon – Schruns). Rankweil 1981.

[66] Edith Hessenberger: Erinnerungen einer Lehrerin an das Schuljahr 1947/48. In: Andreas Rudigier (Hg.): Jahresbericht 2005 der Montafoner Museen, des Heimatschutzvereins Montafon und des Montafon Archivs. S. 51-55.

[67] Ebd. S. 52.

Die geistige Arbeit der Lehrerin ist in der Wahrnehmung der Bäuerin ausgeblendet. Geistige Arbeit wurde offensichtlich nicht mit Frausein assoziiert. Sie war in der bäuerlichen Bevölkerung jahrhundertelang ausschließlich dem Mann vorbehalten und mit dem Amt des Priesters, Lehrers, Richters, Arztes, Bürgermeisters verbunden – Berufe, die den Betreffenden ein hohes Sozialprestige einräumten. Die Anerkennung und Macht, die den Ausübenden dieser Berufe in der Gemeinschaft zukam, hatte sehr viel mit deren Bildung und geistiger Tätigkeit zu tun.

Interessant ist, dass Frauen im Lehrberuf nicht annähernd das gleiche Prestige erhielten wie ihre männlichen Kollegen. Dies war dadurch möglich, dass der wache und gebildete Geist von Frauen zunächst einfach negiert wurde. So wurde der Lehrberuf bei Frauen mehr als Erziehungsaufgabe wahrgenommen, die ihre ganze Hingabe erforderte. Aus diesem Grund durften aktive Lehrerinnen damals keine eigenen Kinder haben. Einer Lehrerin, die gleichzeitig Mutter ist, ist es nicht möglich, ausreichend auf die Schüler einzugehen – so haben die Gesetzgeber damals vermutlich gedacht. Vaterschaft hingegen war kein Hindernis für den Lehrberuf.

Fabriken: Spinnerei und Weberei

1826 gründeten die Schrunser David Tschofen, Christian Widerin und Franz Josef Burtscher den ersten Vorarlberger Wollbetrieb (Lodenfabrik) in Schruns. Aus diesem Betrieb gingen die zwei Fabriken für Spinnerei, Weberei und Appretur der Gebrüder Mayer und ihrer Nachfolger Borger hervor.[68] 1890 beschäftigte Heinrich Mayer 15 männliche und 26 weibliche Arbeiter, davon 8 Jugendliche.[69]

Seit Jahrhunderten lag die Verantwortung für die Herstellung von Wolle, Garn, Stoffen und Kleidung in den Händen der Frauen. Ver-

[68] Joachim Pfefferkorn: An der Litz. In: Salzgeber. Eine alpenländische Chronik. S. 282.
[69] Gernot Kiermayr-Egger: Zwischen Kommen und Gehen. Zur Sozial- und Wirtschaftsgeschichte des Montafons. Schruns 1992, S. 136.

einzelt gab es zwar schon Webereien und Schafwollspinnereien, aber die meisten Arbeitsgänge der Woll- und Flachsverarbeitung lagen immer in der Zuständigkeit der Frauen. Erstaunlich, dass diese Zuständigkeit in ganz Vorarlberg nun zunehmend ins männliche Unternehmertum wandert.

Sehen wir hier nicht eine ähnliche Entwicklung wie im Hebammenberuf? Dadurch, dass Frauen nur ganz eingeschränkt gewerbeberechtigt waren, hatten sie keine Chance, ihr über Jahrhunderte erworbenes Fachwissen und Können im Textilbereich als Unternehmerinnen umzusetzen. Es blieb ihnen nichts anderes übrig, als dieses Feld den Männern zu überlassen. Frauen (und Männer) haben sicher nicht lange darüber nachgedacht, es war einfach so.

Als Angestellte in den Fabriken durften Frauen ihr Wissen und Können sehr wohl in den Dienst nehmen lassen. Wenn man das historische Faktum berücksichtigt, dass Frauen in der Regel viel schlechter bezahlt wurden als Männer, dann bedeutet die Eröffnung neuer Verdienstquellen für Frauen nur ein schwacher Trost. Gewiss, die Bauersfrau wurde von der aufwändigen Woll- und Flachsverarbeitung entlastet, dafür war sie nun auf das Zahlungsmittel Geld angewiesen, wenn sie Stoff und Kleidung brauchte. Wenn auch die Möglichkeit bestand, Wolle in der Lodenfabrik abzugeben und fertige Stoffe dafür zu erhalten und lediglich die Verarbeitungskosten zu bezahlen, so war doch Geld zu einem bedeutenden Zahlungsmittel geworden.

Wenn mehr Schafwolle produziert wurde, als für den Eigenbedarf nötig war, konnten die Bauern diese an die Lodenfabrik verkaufen, wodurch die bäuerlichen Betriebe zu zusätzlichen Einnahmen kamen.[70] Das Geldverdienen war grundsätzlich im Kompetenzbereich des Mannes angesiedelt. Der Mann hatte neben der Landwirtschaft viele Möglichkeiten, es zu verdienen – als Handwerker, Lehrer, Händler, Wirt, Arbeiter.

[70] Gernot Kiermayr-Egger: Zwischen Kommen und Gehen. S. 136.

Die Landwirtschaft wurde zunehmend als Nebenerwerb geführt, weil sie weniger Geld abwarf als andere Berufe. Durch den Zweitberuf des Mannes blieb in der Landwirtschaft mehr Arbeit bei den Frauen hängen. Diese Mehrarbeit machte sich für die Frauen selbst nicht bezahlt. Sie gerieten durch die wachsende Bedeutung des außerhäuslichen Gelderwerbs in immer größere Abhängigkeit vom Ehemann.

Unter den Gewerbebewilligungen von 1850 bis 1868 sind 12 Schneider verteilt auf 8 Ortschaften des Tales zu finden, aber keine einzige Schneiderin. Dennoch haben viele Montafonerinnen genäht. Als Näherinnen oder Aushilfen in den von Männern geführten Schneidereien sowie in der Lodenfabrik in Schruns und im privaten Bereich – ohne Bezahlung – für die Familienmitglieder.

Die gesetzlichen Einschränkungen und traditionellen Vorgaben verhinderten damals, dass das Schaffen und Können von Frauen angemessen bewertet und den Frauen die entsprechenden Entfaltungsmöglichkeiten eingeräumt wurden.

Aufgrund der zunehmenden Bedeutung des Geldes als Zahlungsmittel und der Tatsache, dass viele Montafoner Männer im Frühjahr auf Saisonarbeit gingen und erst im Herbst wieder zurück nach Hause kamen, waren viele Frauen gezwungen, die sich ihnen bietenden Nischen für den Gelderwerb zu nutzen. Dabei entwickelte so manche Montafonerin ein hohes Maß an Kreativität und Geschäftssinn.

Als Beispiel möchte ich die Großmutter einer 1926 geborenen Frau aus Schruns anführen:[71] Der Mann der Großmutter ging nach Frankreich auf Saisonarbeit. Sie hatten zusammen fünf Kinder. Als diese groß waren, zogen sie noch zwei Enkelkinder und ein angenom-

---

[71] Andreas Rudigier: Interview mit Frau Sigrid Trautmann, aufgenommen am 24.09.2002. Montafon Archiv (Montafoner Heimatmuseum Schruns).

menes Kind auf. Um die Kinder in den Krisenzeiten rund um die beiden Weltkriege durchzubringen, hat die Großmutter Gäste sowie Schlaf- und Essgänger betreut. Die Enkelin erinnert sich noch, wie die „Ahna" in der Tracht die Gäste am Bahnhof abgeholt hat. Die Kinder mussten dann im Heustock schlafen. Die Großmutter hatte auch eine Gewerbeberechtigung für den Handel. Sie ging von Schruns bis nach Partenen zu den Bauern, um ihnen ihre Eier abzukaufen. Oft hatte sie vierhundert Eier, die sie dann am nächsten Tag in Bludenz an Stammkundschaften (hauptsächlich Gasthöfe) verkaufte. Weiters handelte die Großmutter mit jungen Schweinen, mit Gemüse, Butter und Käse. Die Milch verarbeitete sie zuhause selbst und verkaufte dann die fertigen Produkte auf dem Markt in Schruns. Zusätzlich zum Handel baute sie sich noch eine weitere Einnahmequelle auf. In einer kleinen Kammer richtete sie eine Stellenvermittlung ein. Wo es freie Stellen gab, kundschaftete sie in Gasthöfen und Wirtschaften aus. Die Enkelin erinnert sich, dass die „Ahna" Hefte besessen hat und junge Burschen und Mädchen zu ihr kamen, um sich vermitteln zu lassen.

Tourismus: Wirtinnen

Neue wirtschaftliche Möglichkeiten zeichneten sich für Frauen gegen Ende des 19. Jahrhunderts ab, als die ersten Touristen ins Montafon kamen. Die Gäste stiegen in den vorhandenen Gasthäusern, die zugleich Herbergen waren, ab.

Da durch das Montafon wichtige Handelswege führten, gab es dort bereits im Jahre 1656 23 Wirte, aber keine einzige Wirtin.[72] Im 19. Jahrhundert gab es bereits vereinzelt Wirtinnen. Auch wenn Frauen nicht explizit als Wirtinnen aufscheinen, so ist doch anzunehmen, dass sie ihre Männer in der Küche, im Service, in der Reinigung und bei allen anfallenden Arbeiten tatkräftig unterstützten.

[72] Ludwig Vallaster: Das Gastgewerbe. In: Montafoner Heimatbuch. S. 369 f.

So waren es zum guten Teil die Wirtsfrauen, die mit wohlschmeckenden Gerichten, freundlicher Bedienung und aufgeräumten Zimmern für das Wohlbefinden der Gäste sorgten. Beeindruckt von der wunderschönen Natur des Montafons und von der ausgezeichneten Verpflegung kamen die Gäste wieder und brachten auch Freunde und Bekannte mit. Frauen haben also einen wesentlichen Anteil an der Etablierung des Tourismus als Wirtschaftszweig im Montafon.

Hermine Flaig nimmt in diesem Zusammenhang Bezug auf die bis 1874 zurückreichenden Gästebücher des Hotels Rössle in Gaschurn: „Erstaunlich an diesem schon hoch entwickelten Fremdenverkehr ist wohl vor allem, dass sein Ruf und Ruhm eine Frau begründet hat. Sie war als einfaches Dienstmädchen aus Schruns in den Wallfahrtsort Einsiedeln gekommen und hatte dort das Gastwesen erlernt, es war Frau Victoria Kessler, geborene Juen (1839-1916). [...] Ihre Tüchtigkeit, aber auch ihre königliche Erscheinung, wenn sie in der Festtagstracht mit dem Mäßli auf dem Kopf daherkam, finden wir immer wieder gerühmt."[73] Bereits 1874 hatte Frau Kessler etwa 15 Betten für Sommergäste, die sie aufgrund der steigenden Nachfrage schon bald auf 50 Betten erweiterte. Als selbst diese nicht mehr reichten, mussten ab 1920 Gäste erstmals in Privatquartieren untergebracht werden.[74] So war es auch in den anderen Fremdenverkehrsorten des Tales. Die Privatzimmervermietung gewann immer mehr an Bedeutung.

Frauenorden

Die Bedeutung von Frauenorden entfaltet sich im Montafon so richtig gegen Ende des 19. Jahrhunderts und fast während des gesamten 20. Jahrhunderts.

---

[73] Hermine Flaig: Von den Anfängen der Touristik. In: Montafoner Heimatbuch. S. 365.
[74] Klaus Walter: Die gewerbliche Wirtschaft. In: Montafoner Heimatbuch. S. 580.

1885 gründeten Schwestern des Ordens der Dominikanerinnen von Ilanz (= Ort in der Schweiz) in Schruns das Sanatorium „Maria Rast" – ein beliebtes Erholungsheim für rekonvaleszente Vorarlberger. Bald darauf kam auch eine Landwirtschaftsschule dazu, die den Mädchen nach Absolvierung der Pflichtschule neben theoretischem Wissen auch sehr viele praktische Fertigkeiten vermittelte und sie so ideal auf den Beruf als Bäuerin vorbereitete. Die liebevolle und kompetente Betreuung erholungsbedürftiger Menschen im Sanatorium „Maria Rast" übte eine große Anziehungskraft aus, sogar über die Grenzen Vorarlbergs hinaus, und machte Schruns zu einem beliebten Erholungsort. Der Erfolg der Schwestern lag einerseits in ihrer Aufgeschlossenheit für neue technische Entwicklungen und andererseits in ihrem selbstlosen Einsatz für die Pflegebedürftigen.

Was heißt selbstloser Einsatz? Die Motivation für das Engagement der Schwestern entsprang in erster Linie dem Wunsch, Gott und den Menschen zu dienen. Wenn Menschen sie brauchten, waren sie da, ohne auf die Uhr zu schauen und unterstützten sie körperlich aber auch mental durch Gebet und Zuwendung. Sie strahlten Zuversicht und Optimismus aus – eine Kraft, die sie aus ihrem Glauben schöpften. So vermochten sie die Erholungsbedürftigen nicht nur körperlich aufzubauen, sondern ihnen darüber hinaus auch geistigen Halt zu vermitteln.

Ihre wissenschaftlich-technische Offenheit ist daran zu erkennen, dass sich in „Maria Rast" das erste medizinisch technische Labor in Vorarlberg mit einer Röntgenstation befand. 1960 erfolgte der Ausbau zu einem Krankenhaus, das 2004 stillgelegt wurde. In einem Nachruf heißt es zu Recht:

„Im Krankenhaus Maria Rast wurde über Jahrzehnte von allen Beteiligten Unbezahlbares geleistet, es konnte vielen Vorarlbergerinnen und Vorarlbergern geholfen werden. Neben der Leistung der Ärzteschaft und des Pflegepersonals ist dies nicht zuletzt dem selbstlosen Einsatz der Dominikanerinnen von Ilanz zu verdanken. Im Jahr 1992 haben die Dominikanerinnen aus personellen und finanziellen Gründen (Investitionen und Betriebskosten) und im Interesse des Weiterbestandes der Einrichtung, das Krankenhaus dem Land Vorarlberg verpachtet."[75]

Heute wird das ehemalige Sanatorium für die Unterbringung von Asylsuchenden genützt und die Landwirtschaftsschule ist nunmehr ein Vitalhotel. Die Schwestern haben sich in ihr Mutterhaus nach Ilanz zurückgezogen.

Das Liebesleben

Zum Liebesleben gehörte im Montafon der „Hengert". Das ist ein abendlicher Besuch des Burschen bei seiner Geliebten, der manchmal auch etwas länger gedauert hat. Dieser Besuch hatte an sich offiziellen Charakter, insofern als die Eltern der jungen Frau davon wussten und zustimmten, dass ein „Hengertbua" kommt.

Nach alter Tradition[76] ging der Bursch nur an bestimmten Tagen „z´Hengert", nämlich am Sonntag, Dienstag und Donnerstag. Der beste Tag war aber der Sonntag. An hohen Festtagen, in der Karwoche, zu Allerheiligen und Allerseelen und an den Bitttagen (= Tage im Mai, wo die Menschen Rosenkranz betend zu Kirchen außerhalb des Wohnortes zogen, um für gedeihliches Wetter und gute Ernten zu bitten) gibt es keine abendlichen Zusammenkünfte. In Familien, wo mehrere Mädchen waren, kamen oft einige Burschen, und es wurden richtige Tanzabende abgehalten. Man aß „Küachli", trank Wein oder Bier und tanzte oft bis zum frühen Morgen.

Von den Geistlichen wurden solche Tanzabende meist nicht gern gesehen, wie Hans Barbisch in seiner Heimatkunde berichtet. Erfuhren sie von solchen Festen, zitierten sie die Hausmutter zu

[75] www.lrh-v.at/downl/Zusammenf%20KHFeldk.htm-11k – Abgerufen im Februar 2007.
[76] Hans Barbisch: Vandans. Eine Heimatkunde aus dem Tale Montafon in Vorarlberg. Innsbruck 1922, S. 210-212.

sich und wiesen diese zurecht. Als Strafe verlangten sie von ihr auch noch ein bis zwei Pfund Schmalz. Das, was der Abend kostete, inklusive der Schmalzbuße, wurde allerdings auf die Burschen verteilt.[77] Die instruierenden Worte des Pfarrers, der als Zölibatärer meist wenig übrig hatte für die Fröhlichkeit und das Liebeswerben junger Leute, musste die Hausmutter wohl oder übel über sich ergehen lassen.

Auffallend ist, dass nicht der Hausvater als rechtlicher Haushaltsvorstand vom Pfarrer geladen wurde. Wahrscheinlich hätte sich dieser die moralischen Belehrungen wegen eines harmlosen Tanzvergnügens nicht so einfach gefallen lassen. Mit Frauen hatten die Geistlichen ein leichteres Spiel. Den Frauen wurde immer schon die Verantwortung für Sittlichkeit und Moral zugedacht. Männer wurden diesbezüglich offensichtlich viel weniger in die Pflicht genommen.

Wenn zwei Liebende beim „Hengert" alleine waren, weil Vater und Mutter des Mädchens bereits schliefen, bot sich die Gelegenheit, zärtliche Worte und Liebkosungen auszutauschen. Vielleicht bei einem Gläschen „Kriasner", dem Montafoner Kirschenschnaps. Beim „Hengert" ging es um ein gegenseitiges Kennenlernen und Prüfen für den Ehestand, um ein behutsames, unbeschwertes Flirten. Die Zeit verging dabei oft im Flug. Johann Baptist Biedermann verdeutlicht das zarte Liebeswerben beim „Hengert" in dem Gedicht „Bim Amreili".[78]

Kannten sich die Beiden schon recht gut und waren sie sich sehr zugeneigt, so wurde von ihnen möglichst rasch der Entschluss zu heiraten erwartet. Vorehelicher Geschlechtsverkehr war schließlich tabu. Das körperliche Verlangen durfte höchstens mit einem Wangenreiben (= „Äli") oder einem Kuss ausgedrückt werden:

[77] Hans Barbisch: Vandans. S. 212.
[78] Johann B. Biedermann: Bim Amreili. In: Muattersproch. S. 269 f.

„A-n-Äli vom Amreili tribt
vom Kopf zam Herza d's Bluat,
und wenn's bim ersta o net blibt,
das zweit schmeckt grad sa guat."[79]

Das von Johann Baptist Biedermann beschriebene, unschuldige Liebeswerben wurde oft mit großem Argwohn verfolgt und zwar von den jungen Burschen im Dorf, die die heiratsfähigen jungen Frauen als ihren Besitz ansahen.

Kam ein Bursch aus einem anderen Ort „z'Hengert", so wurde er mitunter zum Opfer heimtückischer Angriffe von ortsansässigen Burschen, manchmal auch erwachsenen Männern. Manch schönes Rendezvous endete so mit einer gewalttätigen Auseinandersetzung. Ziel war es, den „Hengertbua" so zu demütigen, dass er von dem Mädchen ablässt und nicht mehr kommt. Das Interesse beziehungsweise die Gefühle des Mädchens spielten keine Rolle. Sie wurde nicht gefragt.

Eine bekannte Geschichte mit tragischem Ausgang ist die eines jungen Silbertalers, angeblich Medizinstudent, namens Ginesi (Ginesius), der ein Mädchen in Bartholomäberg verehrte. Krista Vonbank erzählt davon Folgendes: „Sie [die Bärger Buaba] lauerten [...] dem Ginesi auf dem Heimweg auf, packten ihn, sperrten ihn in einen Schafschärm [...] und zündeten ihn an. Schreckgelähmt konnte der Bedauernswerte sich erst befreien, als der Stall in vollen Flammen stand. Und als er mit grässlichem Schreien dem lodernden Feuer entfloh, war das helle Licht seines Geistes erloschen."[80] Im Alter lebte Ginesi im Armenhaus von Tschagguns, wo er 1927 verstarb. Die Bauern hatten Ginesi immer wieder für Arbeiten, wie zum Beispiel schwere Lasten tragen, herangezogen. Er soll auch Menschen aus der Hand gelesen haben.

---

[79] Johann B. Biedermann: Bim Amreili. In: Muattersproch. S. 269.
[80] Krista Vonbank: Grenzland. Erzählungen aus dem Montafon. Bregenz [2]2006, S. 40.

Wer die junge Frau war, welch tiefen Schmerz ihr dieses Ereignis wohl zufügte, ist nicht überliefert. Möglicherweise liebte sie den Ginesi, und die Beiden dachten bereits an Heirat. Ob die junge Frau sich nach diesem schlimmen Ereignis noch einmal auf einen „Hengert" eingelassen hat? Wie hat sie von der schrecklichen Begebenheit und den schlimmen Folgen für ihren Verehrer erfahren? Ist sie in Bartholomäberg geblieben? Wie ist sie nach dieser Begebenheit den Schuldigen begegnet? Fragen, auf die wir heute keine Antworten mehr finden. Wir wissen nicht einmal, ob die Burschen ausgeforscht und bestraft wurden. Anzunehmen ist, dass ihnen nicht viel geschehen ist, da solche „Streiche" damals üblich waren. Hans Barbisch berichtet von verschiedenen „höchst unangenehmen Dingen, die *passiara* können" und tatsächlich passiert sind.[81]

Frausein und Schönheit

Die Montafonerin war, wie wir an der schmucken Tracht erkennen können, sehr auf ihr Aussehen bedacht. Aufrecht, stolz und feminin ist ihr Erscheinungsbild in der Tracht. Das Äußere spielte für die Montafonerin also eine wichtige Rolle und trug gewiss auch zu ihrer Anerkennung und Wertschätzung bei.

Schönheit wurde jedoch nicht überbewertet. Sie galt bis Anfang des 20. Jahrhunderts als naturgegeben und vergänglich: Zähne, die schief gewachsen waren, blieben ein Leben lang schief; Zähne, die ausfielen, hinterließen eine Lücke. Die Haare ergrauten, wann es ihnen gefiel. Falten gruben sich ungehindert in die alternde Haut. Die Hände und die Körperhaltung zeigten mit den Jahren Spuren des Mühens und Schaffens. Die Vergänglichkeit des Lebens war unverstellt sichtbar und spürbar. Frauen und Männer fügten sich ein in diesen Prozess; sie lebten im Einklang mit der Natur – ihrer eigenen und der sie umgebenden, kosmischen Natur. Die Natur gab ihnen die Bedingungen vor und die Menschen nahmen sie an. Sie

[81] Hans Barbisch: Vandans. S. 205 f.

hatten keine andere Wahl. Wenngleich die Sehnsucht nach ewiger Jugend und Schönheit, wie sie in dem bekannten Bild „der Jungbrunnen“ (1546) von Lucas Cranach anschaulich zum Ausdruck kommt, die Menschen immer schon bewegte, war es verpönt, der Schönheit künstlich nachzuhelfen. Die ältere Schwester meiner 1891 geborenen Großmutter erhielt beispielsweise von ihrer Mutter eine herbe Schelte, als sie ihre Brust mit Taschentüchern ausstopfte, um sie fülliger erscheinen zu lassen. Solche Vorgehensweise hatte damals den Charakter eines Sakrilegs, wurde also wie ein religiöser Frevel empfunden und geahndet.

Schönheit und Sittlichkeit waren sehr eng miteinander verknüpft. Eitelkeit galt moralisch als verwerflich. Dies wurde Mädchen schon früh beigebracht: Nicht selten finden wir in Poesiealben und Spruchbüchlein unserer Mütter und Großmütter einen Reim, der den Mädchen und jungen Frauen wie ein Programm für die Lebensgestaltung mitgegeben wurde:

Zur Erinnerung

„Sei wie das Veilchen im Moose,
sittsam, bescheiden und rein
und nicht wie die stolze Rose,
die immer bewundert will sein.“

Diese Auffassung von Sittsamkeit und Bescheidenheit ließ es weder zu, die weibliche Figur durch Hilfsmittel zu betonen, noch die natürliche Ausdruckskraft des Gesichts, der Lippen und Augen durch Schminke zu unterstreichen.

Als am Beginn der zweiten Hälfte des 20. Jahrhunderts das Schminken in Mode kam, wurde dies von der Montafoner Bevölkerung mit Misstrauen beobachtet. War die Schminke gut sichtbar, wurde die Frau abfällig als „Larva" tituliert. Rot lackierte Fingernägel galten als Provokation.

Und heute? Heute lebt ein ganzer Industriezweig von der Sehnsucht nach Schönheit und ewiger Jugend. Die enge Einstellung zum weiblichen Körper und zu Schönheitsmitteln hat sich entspannt: Push-up-BHs sind zur Selbstverständlichkeit geworden, auch bei jungen Mädchen. Ebenso Schminke, Haarfärbemittel und Nagellack.

Schönheitspflege wird nicht mehr mit Eitelkeit gleichgesetzt und auch nicht mehr moralisch bewertet. Gleichzeitig ist aber eine neue, nicht weniger engführende Tendenz auszumachen. Die Tendenz, die Vergänglichkeit der jugendlichen Schönheit, die Vergänglichkeit des Lebens selbst zu negieren. „Anti-Aging" heißt das Zauberwort. Kaum eine Frau mittleren Alters trägt ihre Haare natürlich grau. Die Zahl der Schönheitsoperationen ist im Steigen begriffen, und die Medien führen uns vor, dass der Sinn unseres Daseins darin liegt, uns in unserem Jungsein zu verewigen.

Rückschlüsse auf weibliche Eigenschaften

Frauen mussten, wie auch schon in den früheren Jahrhunderten, ungeheuer fleißig und tüchtig sein, um sich und den Familienmitgliedern das Überleben zu sichern. Daran änderte sich nicht viel. Auch an der Tatsache änderte sich nichts, dass Paare damals im Durchschnitt sehr viele Kinder hatten – mehr als zehn Kinder waren keine Seltenheit – und die Frauen fast alleine für die Grundversorgung (Nahrung und Kleidung) zuständig waren. Die Arbeit im Haus und in der Landwirtschaft war nach wie vor auch mit schwerer körperlicher Arbeit verbunden. Da ihnen der Zugang zu anderen Berufen verwehrt war, blieben sie an die Hauswirtschaft gebunden, während die Männer zunehmend andere Betätigungsfelder für sich erschlossen. Wie anders hätte sich wohl die betriebswirtschaftliche Struktur entwickelt, wenn Frauen beispielsweise von Anfang an Aufnahme in die Zünfte gefunden hätten?

Die Montafonerinnen nutzten zwar die Möglichkeiten, die sich ihnen boten, um Geld zu verdienen, blieben aber den Männern gegenüber aufgrund der ungleichen gesetzlichen Bestimmungen auf der Strecke.

Aus finanzieller Sicht sank der Wert ihrer Arbeit in diesem Jahrhundert. Die materielle Abwertung ihres Schaffens liegt in dem Umstand begründet, dass ihr Hauptbetätigungsfeld neben der Erziehungsarbeit weiterhin die Haus- und Landwirtschaft blieb. Da die Landwirtschaft meist zu wenig Geld abwarf und andere, lukrativere Erwerbsquellen an Bedeutung gewannen und diese Einnahmequellen hauptsächlich den Männern vorenthalten waren, büßten die Frauen zunehmend ihre Autarkie ein. Das heißt, die Frauen leisteten mindestens gleichviel Arbeit wie bisher, ihre Arbeit stellte jedoch im Gesamtkontext der familiären Einnahmen weniger dar. Der allmähliche Zugang von (unverheirateten) Frauen zum Lehrberuf und zur Fabrikarbeit änderte nicht viel an dieser Situation.

Die Frauen haben diese finanzielle Entwertung ihrer Arbeit über sich ergehen lassen. Wahrscheinlich haben sie davon keine oder nur wenig Notiz genommen. Sie haben sich in ihrem Tun wohl nicht primär vom materiellen Aspekt leiten lassen, sondern von der Fürsorge und Verantwortung für die Familienmitglieder. Die zunehmende Bedeutung des Geldes als Zahlungsmittel brachte die Frauen gegenüber den Männern stärker ins Hintertreffen. Auch heute gibt es noch eine deutliche Einkommenskluft zwischen Frauen und Männern. Unter dem Motto „Frauen verdienen mehr" möchte das Netzwerk österreichischer Frauen- und Mädchenberatungsstellen[82] zu einem Umdenken beitragen.

[82] www.netzwerk-frauenberatung.at.

Die Montafonerin im 20. Jahrhundert

Erste Hälfte des 20. Jahrhunderts

Landwirtschaft, Industrie und Tourismus

Anfang des 20. Jahrhunderts lebten die Menschen im Montafon in der Hauptsache von ihrer Arbeit in der Landwirtschaft, in Handel und Gewerbe, Handwerk und Industrie (zum Beispiel: Zementfabrik, Krauthobelfabrik, Parkettfabrik, Lodenfabrik).

Die Verantwortlichen im Montafon des 19. Jahrhunderts (Standesrepräsentant, Kreishauptmann) waren dagegen, dass im Tal größere Industriebetriebe errichtet wurden. Sie befürchteten, dass die viel zu zahlreiche arme Bevölkerung einen weiteren Zuwachs erhalten würde und möglicherweise fremde Unternehmer im Tal Einfluss gewännen.

Das Vorarlberger Jungbürgerbuch von 1953 führt als Begründung, warum die Montafoner von Fabriken allgemein und von einer Emmentalerkäserei im Speziellen nichts wissen wollten, auch an, dass die Frauen fürchteten, dass dann für den Haushalt die schmackhafte Butter fehle.[83] Obwohl die Frauen damals politisch nichts zu sagen hatten, wird ihnen hier im Bereich der Milchverarbeitung Einfluss attestiert. Es ist auch bekannt, dass die Alpwirtschaft im Montafon bis zum Beginn des 19. Jahrhunderts in der Hand von Frauen lag.[84]

So ließen die ersten Industrialisierungswellen das Montafon relativ unberührt. Dennoch stellte die Landwirtschaft nicht mehr die Haupterwerbsquelle dar. Die Mehrzahl der landwirtschaftlichen Betriebe wurde bereits im Nebenerwerb geführt.

---

[83] Vorarlberger Landesregierung (Hg.): Vorarlberger Jungbürgerbuch. Dornbirn 1953, S. 239.
[84] Gernot Kiermayr-Egger: Zwischen Kommen und Gehen. S. 26.

Ehepaar Salzgeber aus Tschagguns, 1929

Das Ehepaar, das auf dem Bild gezeigt wird, beherbergte auf ihrem Bauernhof „Sommerfrischler" aus den Städten – beispielsweise Gäste aus Feldkirch.

Als 1905 die Montafonerbahn in Betrieb genommen wurde, taten sich für die Montafoner neue berufliche Möglichkeiten auf. Sie konnten nach Bludenz pendeln, wo sie unter anderem in der Firma Getzner (mechanische Weberei) Arbeit fanden.

Die Landwirtschaft konnte trotz der saisonalen Auswanderung die existenziellen Bedürfnisse der Bevölkerung im Montafon nicht mehr sicherstellen, sodass es bereits zu ersten Abwanderungsbewegungen kam. In dieser wirtschaftlich schwierigen Situation brachte der Fremdenverkehr eine neue Chance, welche die Montafoner zu nützen verstanden.

So entwickelte sich das Tal immer mehr zu einer touristischen Region. Die Sommerfrischler suchten und fanden hier Ruhe und Erholung in der wunderschönen Natur und trieben mit ihren Ansprüchen die Einrichtung einer touristischen Infrastruktur voran: In Gaschurn (1904), Gargellen und St. Gallenkirch (1908) ging die Elektrifizierung von den Gastwirten aus. In Schruns gab es in der „Taube" bereits im Jahr 1899 elektrisches Licht; außerdem 170 Gästebetten in Gasthäusern, 40 Privatbetten, mehr als 10 Gasthäuser, einen Arzt, eine dreimal täglich abfahrende Postverbindung nach Bludenz und eine Reihe von gepflegten Spazierwegen.[85]

Hinter der Anzahl von Gästebetten standen in erster Linie Frauen. Frauen, die mit Herz und Verstand für das Wohlbefinden der Gäste sorgten. Das Foto von der Belegschaft des Hotels Taube in Schruns spiegelt sehr deutlich die weibliche Vorherrschaft im Tourismusbereich wider. Nur zwei Männer (Wirt und Dienstmann) und immerhin dreizehn Frauen machten sich um die Gäste verdient. Die Wirtin in der Montafoner Tracht repräsentierte vorzüglich das Tal und seine Tradition. Es ist anzunehmen, dass sich der Mitarbeiterstab auch in anderen Gastbetrieben ähnlich zusammensetzte. Im Hinblick darauf ist es nicht übertrieben zu sagen, dass das Montafon den touristischen und damit den wirtschaftlichen Aufschwung zum Großteil der Tüchtigkeit von Frauen zu verdanken hat.

---

[85] Gernot Kiermayr-Egger: Zwischen Kommen und Gehen. S. 104 f.

Belegschaft des Hotels Taube in Schruns (1930er Jahre)

Nach der Unterbrechung durch den Zweiten Weltkrieg entwickelte sich die Privatzimmervermietung zu einer der wichtigsten Einnahmequellen für Frauen im Montafon. Diese Entwicklung wird unter anderem auch in den Bezeichnungen der Privatpensionen im Montafon sichtbar, denn diese tragen heute häufig einen weiblichen Vornamen: Zum Beispiel: Pension *Christine* (12 Betten), *Heidi* (18 Betten), *Karolin* (17 Betten), *Wilma* (35 Betten); Frühstückspension *Veronika* (20 Betten); Gästehaus *Waltraud* (14 Betten), *Erna* (50 Betten); Haus *Brigitte* (9 Betten), *Agnes* (12 Betten), *Irma* (16 Betten), *Irmgard* (10 Betten), *Margret* (9 Betten), *Sieglinde* (14 Betten).[86]

[86] www.tiscover.at/montafon – Abgerufen im April 2007.

Erster Weltkrieg (1914-1918)

Der Erste Weltkrieg bedeutete eine große Zäsur im Leben der Montafoner. Mit dem Beginn des Kriegs kam der neue Wirtschaftszweig des Tourismus zum Erliegen. Ab 1916 wurden keine Viehmärkte mehr abgehalten. Die Lebensmittel wurden rationiert. Männer bis zum 42. Lebensjahr und später bis zum 50. Lebensjahr wurden für den Kriegsdienst eingezogen. Am Ende des Krieges gab es in Vorarlberg 5000 Gefallene, zahlreiche Gefangene und Verwundete.[87]

Und wieder mussten die Frauen die fehlende Arbeitskraft der Männer ersetzen. „In rein agrarisch ausgerichteten Gebieten wie dem Montafon, dem Großen und Kleinen Walsertal und dem Bregenzerwald hatte das Fehlen der männlichen Arbeitskräfte die Frauen besonders getroffen, da diese die eigenen Landwirtschaften und manchesmal die Gehöfte kriegsgefangener Verwandter alleine führen mussten. Zudem fielen Arbeiten an, die von den durch Hunger, Kummer und zu schwerer Arbeitslast entkräfteten Frauen unmöglich geleistet werden konnten."[88]

Wir können heute vermutlich gar nicht wirklich ermessen, was die Frauen und auch insbesondere die Montafonerinnen in diesen Krisenjahren geleistet und ertragen und mit welcher Sehnsucht sie die Kriegsgefangenen zurückerwartet haben.

---

[87] Brigitte Truschnegg: Lorüns. Dorfgeschichte in Schrift und Erzählung (= Sonderband der Montafoner Schriftenreihe 2). Lorüns 2006, S. 49.

[88] Ulrike Ebenhoch: Die Frau in Vorarlberg 1914-1933 (= Vorarlberg in Geschichte und Gegenwart 3). Dornbirn 1986, S. 15.

Diese Postkarte von 1926 zeigt die Vorarlberger Haupt-Landestrachten der Frauen vom Bregenzerwald (rechts), dem Walsertal (mitte) und dem Montafon (links).

Der Erste Weltkrieg hat Männern und Frauen sehr viel abverlangt: Frauen setzten ihre ganze Körperkraft ein. Männer ihr Leben. Männer sind Helden. Frauen sind … ich würde sagen „Felsen in der Brandung", denn es gibt leider keine Bezeichnung, die ihren Einsatz, ihre Tapferkeit und ihre Entbehrungen würdigt. In diesem Zusammenhang sei auch der Beitrag der Zwangsarbeiter und Zwangsarbeiterinnen erwähnt, die während dieser Zeit ins Montafon kamen. Ihr Elend, ihre Not und ihr Einsatz für die Montafoner verdienen unsere Achtung und Anerkennung. Auch im heutigen Heimatmuseum waren damals Zwangsarbeiterinnen inhaftiert, welche dort Ritzeleien hinterlassen haben, die ihre Not zeigen.

Skifahren

Mit der Entwicklung des Tourismus kam Anfang des 20. Jahrhunderts auch das Skifahren auf. Am 15. Dezember 1906 gründeten in Schruns zwölf Männer einen Wintersportclub, der sich anfangs hauptsächlich dem Rodelsport widmete und ab zirka 1911 auch auf den Skisport setzte.[89] Somit war das Montafon für die Gäste nicht nur im Sommer attraktiv, sondern auch zunehmend im Winter.

Mit den steigenden Gästezahlen entwickelte sich im Bewusstsein der Montafoner ein neuer Begriff – der Begriff „Freizeit". Die Gäste kamen zum Zeitvertreib und auch die Wintersportarten dienten dem Zeitvertreib. Gewiss, Rodel, Schlitten und ganz vereinzelt sogar Ski gab es auch schon früher, doch wurden diese nur in einem Arbeitskontext verwendet. Auch freie Zeit gab es immer schon, im Sinne von arbeitsfreier Zeit, von Feierabend und Feiertag, wobei alle Feiertage (auch Sonntage zählen zu den Feiertagen) mit religiösem Sinn, Inhalt und Brauchtum belegt waren. Mit arbeitsfreier Zeit war eine Zeit zum Ausruhen, Erholen und Feiern gemeint. Was ist also das Neue an dem Begriff „Freizeit"? Neu war, dass die Freizeit aus

[89] Andreas Brugger: Vom Pioniergeist zum Massensport: 100 Jahre Skisport im Montafon (= Sonderband der Montafoner Schriftenreihe 3). Schruns 2006, S. 78, 80, 82.

dem Zusammenhang mit Arbeit und religiöser Sinngebung ein wenig herausgelöst und zu einem Wert an sich erhoben wurde. Zeitvertreib wurde immer mehr zum Selbstzweck. Was den Alten noch als „aller Laster Anfang" gegolten hat (= Muße oder Müßiggang), wurde jetzt vermehrt gesucht und zum Beispiel mit sportlichen Aktivitäten bewusst gestaltet. Dies bedeutete einen Schritt heraus aus der von religiösen und weltlichen Obrigkeiten reglementierten Gesellschaft.

Der Wintersport und insbesondere das Skifahren brachten den Menschen im Montafon neben Vergnügen und wirtschaftlichem Aufschwung auch mehr persönliche Freiheit. Anfangs wurde die sportliche Betätigung zum Teil stark verurteilt. So schrieb das Vorarlberger Volksblatt am 17. Dezember 1919: „Deutsches Volk, mach dir die Arbeit zum Sport! Dann wirst du rascher genesen als mit Rodel und Ski, Fußball und Wettlauf."[90] Es wurde als verwerflich gewertet, dass gesunde Menschen am „hellen Werktag, wo sich der arme Teufel mit schwerer Arbeit abrackert, ... auf dem Rodel zu Tal sausen oder mit Skiern über die Schneefläche gleiten."[91]

Für die Frauen bedeutete der Skisport einen großen Emanzipationsschub, der sich unter anderem in der Kleidung manifestierte. Trugen Frauen bis dahin ausschließlich Röcke, so erwiesen sich diese bei der Ausübung des Sports bald als unpraktisch.

[90] Vorarlberger Volksblatt vom 17.12.1919, S. 4. Zitiert nach Ulrike Ebenhoch: Die Frau in Vorarlberg 1914-1933, S. 83.

[91] Ebd. S. 83.

Frauen beim Skilauf 1916

So kam es, wie es kommen musste: Frauen wagten den Schritt zur Hose. Dies schlug vor allem in der Männerwelt hohe Wellen, und es gab von dieser Seite zum Teil großen Widerstand und herbe Kritik. Einen kleinen Einblick, wie dieses Thema damals diskutiert wurde, geben uns die Autoren Arnold Fanck und Hannes Schneider in ihrem für den Skisport Richtung weisenden Buch „Wunder des Schneeschuhs".[92] Um nichts aus dem Zusammenhang zu reißen, gebe ich den Text der beiden Skipioniere von St. Anton am Arlberg zum Thema „Damenbekleidung" in ungekürzter Form wieder.

Damenbekleidung

„Dieses Kapitel, über das man allein ein Buch schreiben könnte, ist in einigen Skibüchern so ausführlich und gut behandelt (Hoeck und Luther) dass es sich nicht mehr lohnt, noch einmal viel darüber zu schreiben. Auch schon deswegen, weil sich die Damen doch nicht viel darum kümmern werden. Kurz gesagt, soll die Damenkleidung zum Skilaufen hübsch und praktisch sein. Das klingt sehr einfach, ist aber gar nicht so leicht zu erreichen. Denn leider widersprechen sich diese beiden Begriffe gerade in dieser Frage. Denn praktisch ist eigentlich nur die Skihose ohne Rock, hübsch aber sieht nun einmal ein Mädchen in dicken Hosen nur in seltenen Fällen aus, wenigstens für den normalen Geschmack des Mannes. Und nur auf ‚Ihn' kommt es ja schließlich an. Nur schlanke und sehr gut gewachsene Damen können in Hosen gut aussehen; in diesem Falle am besten in kurzen, ganz normalen, engen Pumphosen in Herrenschnitt. Allenfalls können auch schwach ausgeprägte Breeches ganz hübsch sein. In langen Hosen sieht man nur hin und wieder einmal ein Mädchen, das darin wirklich gut aussieht. Jedenfalls sollen sie dann schon weit und nur aus feinem, glatten Stoff sein, genau wie eine gute Herren-Skihose. Ausgesprochen hässlich sind die weiten Pluderhosen, die übertriebene Breechesform und die engen, langen, seitlich zugeknöpften

[92] Arnold Fanck, Hannes Schneider: Wunder des Schneeschuhs. Ein System des richtigen Skilaufens und seine Anwendung im alpinen Geländelauf. Hamburg 1926.

Hosen. Weitaus die Mehrzahl des weiblichen Geschlechts sieht viel besser, weil weiblicher, aus in kurzem, kniefreiem Rock über der ebenfalls kurzen Skihose. Während der Tour kann ja schließlich dieser Rock im Hotel bleiben oder aber zur Freude eines sich immer findenden, leidtragenden Kavaliers in dessen Rucksack verstaut werden. Auffallenderweise sieht man übrigens unter den besten Skiläuferinnen viele mit kurzem Rock fahren, trotz guter Figur. Es geht also zweifellos auch so. Im Allgemeinen wird die Frau darnach trachten, möglichst einen Kompromiss zu schließen zwischen den Erfordernissen des rein praktischen und denen des ästhetischen Standpunktes. Außer Acht lassen aber soll sie gerade den letzteren nicht. Denn wie schließlich fast alles in ihrem Leben, tut sie auch das Skilaufen letzten Endes für den Mann; soll also auch hierbei nett aussehen und ihm gefallen. Was man mitunter an Skiweibchen zu sehen bekommt, ist ein wenig graulich und veranlasst diese Zeilen. Gott sei Dank gibt es aber auch viele andere, und mit dieser erfreulichen Feststellung wollen wir dieses wenig eingehende Kapitel beschließen."[93]

Am Detail dieser Kleidungsfrage wird deutlich, wie männerzentriert das Denken damals war: Frauen fahren nicht Ski, weil sie Spaß daran haben, sie fahren Ski für den Mann. Sie tragen auch nicht selbst einen Rucksack, denn dann würde ja sichtbar, dass sie genauso eigenständige Personen sind wie die männlichen Begleiter beziehungsweise Kavaliere. Bedenken wir, dass zuvor alle Aktivitäten der Frauen auf die Versorgung des Mannes und der Familie sowie auf Kirche und Religion gerichtet waren, dann ist der Gedanke, dass Frauen etwas zu ihrem eigenen, ganz persönlichen Vergnügen tun, wirklich neu, ja geradezu revolutionär. Und es braucht Zeit, bis sich so ein Gedanke in der inneren Überzeugung verankert. Wundern wir uns also nicht, dass es auch heute noch Frauen gibt, die sich schwer tun, sich selbst, unabhängig von den Familienmitgliedern, etwas zu gönnen.

[93] Ebd. S. 51 f.

Skilauf im Montafon 1930 (Gauertal, Lindauerhütte)

Jahrhunderte lang verdienten sie sich Anerkennung fast ausschließlich dadurch, dass sie von früh bis spät arbeiteten. Diese Form des Prestigegewinns ist tief in das Denken und Fühlen eingegangen. Da Frauen hauptsächlich zuhause (Haushalt, Garten, Stall und Feld) wirkten, bekamen andere Dorfbewohnerinnen und Dorfbewohner das Tun und Schaffen sehr gut mit. Dies führte dazu, dass das Arbeitsverhalten der Frauen zum Teil genauestens analysiert und beurteilt wurde. Eine große Rolle spielte der Fleiß. Frauen wurden danach bewertetet, wie fleißig oder faul sie waren. Um nur ja nicht zum Gespött zu werden, ist es für viele Montafonerinnen der älteren Generation auch heute noch undenkbar, „am hellen Werktag" Zeit der Muße auf einer Bank oder einem Liegestuhl vor dem Haus zu verbringen, wo andere sie beim Nichtstun beobachten könnten.

Die (Ohn-)Macht der Frauen

Wie der oben zitierte Text von Arnold Fanck und Hannes Schneider erkennen lässt, wurden Frauen nicht als selbstständige Individuen wahrgenommen. Sie definierten sich in Abhängigkeit von Männern als Frau von X, Tochter von X, Mutter von X, das heißt, sie kamen nur durch ihren Vater, durch ihren Ehemann oder durch ihre Söhne zu Ansehen. Diese Sichtweise war für Mädchen und Frauen im realen Leben mit vielen Benachteiligungen verbunden. In diesem Zusammenhang ist es interessant zu beobachten, dass Frauen, die in ihrer Kindheit und Jugend vielseitige Benachteiligungen aufgrund ihres Geschlechts hinnehmen mussten, als Mütter ihren Töchtern auch nicht das Selbstwertgefühl vermitteln konnten, das Voraussetzung für ein freies und selbstbestimmtes Leben ist.

Die Ungleichbehandlung von Mädchen und Buben bedeutete zum Beispiel, dass Mädchen von ihren Müttern schon sehr früh für Haushaltsarbeiten herangezogen wurden, während Buben mit solchen Arbeiten nicht behelligt werden durften. Hausarbeit galt als unmännlich und deshalb entwürdigend für einen Mann oder Bub. Die Frauen sollten eigene Interessen keinesfalls in den Vordergrund stellen. Das wäre als purer Egoismus interpretiert worden, denn es wurde als ganz selbstverständlich angenommen, dass Mütter und Töchter stets für die anderen Familienmitglieder da sind. Ich konnte dieses Phänomen in verschiedenen Familien noch selbst beobachten und möchte diese Dynamik nun am Beispiel meiner Großmutter väterlicherseits etwas genauer veranschaulichen.

Sie wurde als neuntes Kind 1891 in Lech am Arlberg geboren, wuchs in Dornbirn auf und lebte nach der Eheschließung in Lech, Thüringen, Gaschurn und Schruns, wo sie 1986 verstarb. Sie erzählte mir, dass sie und ihre Schwestern nach Erfüllung der Schulpflicht als Weberinnen in die Fabrik gegangen sind. Dort arbeiteten sie von Montag bis einschließlich Samstag. Von dem Geld, das sie in der Fabrik verdienten, mussten sie zuhause „Kostgeld" zahlen, und der Rest wurde für die Aussteuer beiseite gelegt.

Am Sonntag gingen sie in die Messe und arbeiteten danach als Bedienerinnen in dem Wirtshaus, in dem ihr Vater sonntags als Klavierspieler für Unterhaltung sorgte. Mit dem Geld, das sie als Bedienerinnen verdienten, mussten sie die Konsumationen ihres Vaters und ihrer Brüder begleichen, sodass ihnen von diesem Zusatzverdienst so gut wie nichts übrig blieb. Da die Gäste beim Frühschoppen zu hundert Prozent männlich waren, kam es – obwohl der Vater sehr gut auf seine hübschen Töchter aufpasste – hin und wieder zu sexuellen Übergriffen (Grapschereien). Als eine Schwester meiner Großmutter einem besonders dreisten Gast eine schallende Ohrfeige verpasste, hieß es: „Dia ka ma nümma ho", was soviel bedeutete wie, dass eine Frau, die ihre Ehre, ihre eigenen Grenzen verteidigt, nicht als Bedienerin (von Männern) geeignet ist. Nicht das Verhalten des Mannes wurde kritisiert, sondern das der Frau, die somit von ihrem sonntäglichen Dienst suspendiert wurde. Verständlicherweise war die Schwester meiner Großmutter über diese Freistellung nicht sehr traurig, wohl aber über die ungerechte Behandlung. Meine Großmutter hatte dieses Ereignis sehr betroffen gemacht. Sie und noch eine andere Schwester mussten weiterhin bedienen.

Die vielfach erlebte Nachrangigkeit gegenüber Brüdern und Männern ganz allgemein hat sie so verinnerlicht, dass sie diese Haltung als Mutter auch in die Erziehung ihrer sechs Kinder einfließen ließ. Ich hörte aus ihren Erzählungen immer wieder heraus, dass die Söhne ihr ganzer Stolz waren. Die Töchter fanden nicht annähernd soviel Erwähnung wie die Söhne. Meine Großmutter hatte zwei Mädchen und vier Buben. Um eine Musterunterbrechung in Richtung Gleichbehandlung vollziehen zu können, hätte meine Großmutter sowohl die Erziehung ihrer Eltern als auch die eigene Erziehungsarbeit in Frage stellen und Antworten jenseits der gesellschaftlichen Gegebenheiten finden müssen. Das ist ohne Unterstützung von außen so gut wie unmöglich.

Ich frage mich heute, wer die Frauen damals gegen Benachteiligungen aufgrund ihres Geschlechts hätte schützen können; wer über die nötige Außenperspektive verfügte. Von ihrer Rolle her wohl am ehesten Priester. Sie hatten ein abgeschlossenes Universitätsstudium, stammten meist nicht aus dem Ort, in dem sie als Priester tätig waren, lebten zölibatär und waren von ihrer Rolle her per definitionem „Seelsorger". Priester gehörten neben dem Bürgermeister und dem Lehrer zu den einflussreichsten Personen in der Gemeinde. Ob es ihnen gelungen ist, auf die spezifischen Nöte der Frauen einzugehen und sie, entgegen der gesellschaftlichen Sichtweisen, in ihrem Selbstwert zu fördern? Eher nicht, außer in Einzelfällen. Die Kirche vertrat selbst viele Glaubenssätze, die Frauen benachteiligten, obwohl die christliche Botschaft grundsätzlich von der Gleichheit von Mann und Frau ausgeht.[94] Die Priester hatten im Hintergrund dennoch eine patriarchal geprägte Glaubenslehre, die ihr Denken und Handeln prägte. Sie waren auch Teil des sozialen Systems in der Gemeinde, und damit war ihre Außenperspektive eingeschränkt.

Eine tatsächliche Außenperspektive brachten hingegen die deutschen Urlaubsgäste aus den Städten mit, die sich nachhaltig auf die Rolle der Frau im Montafon auswirkte. Der emanzipatorische Schub, der wie bereits erwähnt durch die Entwicklung des Tourismus entstand, brachte den jungen Frauen jedoch zunächst nicht die Anerkennung und Bestätigung ihrer weiblichen Identität und ihres Selbstwerts. Im Gegenteil.

Die traditionelle Kleidung und das über Generationen tradierte bäuerliche Schaffen der Frauen wurden plötzlich entwertet und galten als unattraktiv. Die französische Historikerin, Lucie Varga[95], die 1935 und 1936 einige Sommerwochen in Schruns verbrachte, berichtet über diese Entwicklung:

---

[94] Im Galaterbrief 3,28 heißt es: „Es gibt nicht mehr Juden und Griechen, nicht Sklaven und Freie, nicht Mann und Frau; denn ihr seid alle ‚einer' in Christus Jesus".

[95] Lucie Varga: Ein Tal in Vorarlberg – zwischen Vorgestern und Heute. In: Peter Schöttler (Hg.): Lucie Varga, Zeitenwende. Mentalitätshistorische Studien 1936-1939, Frankfurt am Main 1990, S. 142-169 [Original: Varga, Lucie, Dans une vallée du Vorarlberg: d'avant-hier à aujourd'hui, in: Annales d'histoire économique et sociale, 8. Jg. 1936, 1-20], hier S. 150.

„Seit die Stadt ins Dorf gekommen ist, haben die jungen Männer angefangen, sich von den Mädchen im Tal abzuwenden. Die auswärtige Kellnerin im Gasthof oder das Dienstmädchen der Touristen sind viel attraktiver. Das Mädchen aus dem Tal wird nur dann noch begehrt, wenn es ‚die Welt' gesehen und bewiesen hat, dass es sich in der Fremde zurechtfindet. Wenn es einige Jahre in der Stadt oder in einem anderen Tal gearbeitet hat und in die Heimat zurückkehrt, legt es die Tracht nicht wieder an. Damit passt es sich dem Wunsch der jungen Männer an, die keine Bäuerin, sondern eine Frau aus der Stadt wollen."

Die jungen Frauen hielten sich nicht damit auf, über die Abwertung der Tracht traurig zu sein. Sie öffneten sich mit Neugier und vielleicht auch mit Begeisterung dem Neuen. Versprach die städtische Kleidung doch auch, einengenden Rollenzuschreibungen zu entgehen. Hans Barbisch berichtet davon Folgendes: „Wie schmuckarm nimmt sich neben dem ‚Schäppelmeiggi' so eine kranztragende Montafonerin aus! Und dennoch sieht man zuweilen unter 30 erwachsenen Mädchen nur sieben Schäpplerinnen. Es soll vorkommen, dass einzelne unter ihnen, um dem ‚Schäppla' auszuweichen, nach auswärts in die Messe gehen."[96]

Hans Barbisch hat auch eine Begründung für dieses Verhalten: „Nun komme ich zu der Frage, warum sich so manches ‚Meiggi' nach dem ‚frömda Hes gottsjömerli' sehnt und lieber ein weißes Kränzlein als ein goldenes ‚Schäppeli' aufsetzt. Es ist vielleicht die lächerliche Sucht, ein Stadtfräulein zu spielen mit allen möglichen Modetorheiten. Es ist vielleicht der Unverstand, der nicht erkennt, was wahrhaft schön und lieblich ist.[97]

[96] Hans Barbisch: Das Montafoner Schäppelmeiggi. In: Vorarlberger Lesebuch, 2. Teil, Heimat und Vaterland. S. 308.
[97] Ebd. S. 309.

Seelsorger und Volksmission

Die folgenden Berichte[98] von Frauen zeigen auf, wie sie das seelsorgliche Wirken der Priester erlebt haben:

Eine Frau aus Gaschurn erzählte folgende Begebenheit aus dem Jahr 1927: Der Pfarrer kam auf seinem Versehgang (= Besuch einer sterbenskranken Person zur Erteilung des Sakraments der Krankensalbung beziehungsweise letzten Ölung) an ihrem Haus vorbei. Wie es üblich war, stellte sie sich mit ihren Kindern vor das Haus, damit der Pfarrer sie beim Vorbeigehen segnen konnte. Die Frau war schwanger, was dem Pfarrer die Bemerkung entlockte: „Was, sie hon scho wiedr an Buch!?" Die Frau reagierte schlagfertig und gab zur Antwort: „Jo, aber min Buch vergoht, der iahrig bliebt." Nachdem die Frau das Kind geboren hatte, kam der Pfarrer ins Haus, um die Frau auszusegnen. Nach damaliger Auffassung der Kirche war eine Frau nach der Geburt eines Kindes unrein und bedurfte dieses besonderen Segens. Dieser Brauch wurde erst gegen Ende der 1960er Jahre gänzlich abgeschafft. Bei dieser Aussegnung, so berichtete die Frau, habe sie sich sehr unwohl gefühlt, da der Pfarrer völlig betrunken war.

Im Jahr 1938 erlebte eine Frau aus Schruns Folgendes: Sie ging in Schruns zur Beichte. Der Geistliche, der ihr die Beichte abnahm, kam von auswärts. Er war ein so genannter Volksmissionar, der in den Gottesdiensten von der Kanzel aus feurige Moralpredigten hielt. Die Frau war sehr gottesfürchtig und engagierte sich auf verschiedene Weise für bedürftige Menschen. Der Geistliche fragte sie im Beichtstuhl, wie viele Kinder sie habe. Als er hörte, dass die Frau nur einen Sohn hatte, ließ er eine Tirade von Vorwürfen und heftigen Drohungen über die Frau los. Nach diesen Worten war die Frau zutiefst getroffen und verängstigt. Die damalige Sexual-

---

[98] Diese Berichte stammen von Frauen aus dem Bekanntenkreis meiner Familie. Sie wurden mir zum Teil persönlich erzählt, zum Teil mündlich überliefert.

moral sah vor, dass Geschlechtsverkehr nur dann vollzogen werden durfte, wenn die Frau von ihrem Zyklus her empfängnisfähig war. Sexualität sollte allein der Zeugung von Nachwuchs und auf keinen Fall dem reinen Lustgewinn dienen und schon gar nicht bei der Frau. Da die besagte Frau nur ein Kind hatte, aber öfter als einmal Geschlechtsverkehr, entsprach sie nicht mehr den sittlichen Vorstellungen, und die Tatsache, dass sie sehr gerne mehr Kinder gehabt hätte, spielte für den Geistlichen keine Rolle. Deprimiert machte sie sich auf den Weg nach Hause. Dort nahm sie in ihrer Verzweiflung den Rosenkranz zur Hand und betete. Sie betete bis tief in die Nacht hinein. Als sie zu später Stunde dann einschlief, hatte sie eine seltsame, lichtvolle Erscheinung, über die sie nichts Näheres erzählte. Nur, dass diese Erscheinung in ihr einen so tiefen Frieden auslöste, wie sie ihn zuvor noch nie erlebt hatte. Auf dem Hintergrund dieser Erfahrung verloren die vernichtenden Worte des Beichtvaters ihre Bedeutung.

Eine weitere Frau aus Schruns erzählte, dass sie im Jahr 1943 einen Gottesdienst besuchte, in dem ebenfalls ein Volksmissionar die Predigt hielt. Sie war damals 14 Jahre alt. Die Predigt erschütterte sie derart, dass sie bei der anschließenden Beichte (bei einem anderen Geistlichen) auch die kleinste Kleinigkeit beichtete und gar nicht mehr aufhören wollte. Der Geistliche beschwichtigte sie und meinte, sie sei jetzt nur wegen der Predigt so verängstigt, und es gebe keinen Grund, dass sie sich Sorgen mache.

Diesen Berichten kann man entnehmen, dass die Frauen so manchem Kleriker als Projektionsfläche für seine abgespalteten sexuellen Bedürfnisse dienten. Die massiven Aggressionen, die sich hinter den moralistischen religiösen Überzeugungen verbargen, trafen in erster Linie die Frauen und Mädchen, die durch ihre natürliche Frömmigkeit intensiv am kirchlichen Leben teilnahmen. Zudem war die Erwartungshaltung gegenüber Frauen in punkto Sittlichkeit viel rigider als gegenüber Männern. „Was einem Manne unter bestimmten Umständen noch zugestanden wurde, nämlich eine ‚gelockerte'

Sexualmoral, galt für die Frau als in höchstem Maße verwerflich, denn der eigentliche Kern- und Inbegriff von Sittlichkeit war für die Frau Jungfräulichkeit, Keuschheit und Unberührtheit vor der Ehe und die Einhaltung der sexuellen Treue innerhalb der Ehe."[99] Als Vorbild hatte den Frauen die Heilige Maria zu gelten, die gleichzeitig Jungfrau (im biologischen Sinn gedeutet) und Mutter war – ein Ideal, das für normal sterbliche Frauen nicht erreichbar ist.

[99] Ulrike Ebenhoch: Die Frau in Vorarlberg 1914-1933. S. 96.

Zweiter Weltkrieg und Nationalsozialismus

Ich beziehe mich im Folgenden auf Aussagen von Zeitzeuginnen und Zeitzeugen.[100]

Lebensmittelversorgung

Als am 1. September 1939 der Krieg ausbrach, waren die Lebensmittelkarten in den Montafoner Gemeinden schon vorbereitet. Ab sofort erhielten die Menschen Grundnahrungsmittel, wie Milch, Fleisch, Fett, Brot und Mehl, nur noch in bestimmten Rationen mittels Karte. Später kamen auch Seife sowie Waschpulver und Tabak auf die Karte. Zusätzlich erhielt jede Familie einen Haushaltspass, mit dem Stoff, Schuhe und zum Beispiel Zusatzkarten für Kranke zugeteilt wurden. Vor der Zuteilung musste auf der Gemeinde um einen Bezugsschein angesucht werden. Die Menschen mussten sich einschränken und die Frauen waren gefordert, aus den spärlichen Lebensmittelrationen Nahrung zuzubereiten, die alle Familienmitglieder satt werden ließ. Das erforderte sehr viel Kreativität, zumal die Qualität der Produkte im Verlauf der Kriegsjahre ständig abnahm. So erhielten die Schrunser eines Tages ein rötliches Mehl mit Rosinen drin, das aussah wie ein Abfallprodukt und auch so schmeckte. Es war fast nicht möglich, daraus etwas zu backen. Brot war Mangelware. Die Leute im Montafon ernährten sich hauptsächlich von „Brösl" (Gericht aus weißem Maismehl; Sterz) und Erdäpfeln.

[100] Zu den Zeitzeugen zählen meine Eltern (Jahrgang 1926 bzw. 1932), Onkel und Tanten (Jahrgänge 1921-1929), meine Großmütter (Jahrgang 1891 und 1898) sowie Freunde und Bekannte der Familie (Jahrgänge 1895-1940). Die Zeitzeugen wohnen bzw. wohnten in Schruns, Tschagguns, Innerberg und Gaschurn. Die Informationen stammen aus persönlichen Gesprächen, die ich im Laufe der Jahre mit den genannten Personen führte. Während der Entstehung des Buches habe ich auch gezielte Interviews mit besagten, noch lebenden Personen geführt.

Um die Lebensmittelversorgung sicher zu stellen, wurde den Familien, die keinen landwirtschaftlichen Grund besaßen, ein Acker zugewiesen, wo sie zum Beispiel Erdäpfel anbauen durften. Die Bauern mussten diese Flächen zur Verfügung stellen. Als Entschädigung haben die Familien den Bauern bei der Heuernte und ähnlichem geholfen. Die zugewiesenen Äcker befanden sich meist nicht in unmittelbarer Nähe des Wohnsitzes, sodass oft weite Fußwege nötig waren. Zeitzeugen berichten, dass sie als Kinder am schulfreien Samstagnachmittag angehalten waren, bestimmte Gebiete nach Erdäpfelkäfern abzusuchen. Die Ausbreitung dieses Schädlings hätte die Grundversorgung der Bevölkerung gefährdet. Zum Glück fanden die Kinder nur ganz vereinzelt solche Käfer.

Eine wirkliche Plage stellten jedoch ab 1943 die Maikäfer dar. So wurde der Bevölkerung vorgeschrieben, während der Maikäferzeit im Frühjahr eine bestimmte Anzahl von Liter pro Kopf zu sammeln und zu den öffentlichen Abgabestellen zu bringen. Da die meisten Männer eingerückt waren, oblag diese Aufgabe hauptsächlich den Frauen und Kindern.

In die Schule bekamen die meisten Kinder keine Jause mit, und sie neideten dem Lehrer seine, wenn er zum Beispiel genüsslich in einen Apfel biss. Wer ein kleines Gärtchen besaß, hielt darin Hühner. Wenn es darum ging, junge Hühner nachzuzüchten, ließen die Menschen die Eier auch auspendeln (in Schruns soll eine Klosterschwester diese Aufgabe ausgeführt haben), um festzustellen, welches Geschlecht das Kücken haben würde. Sagte das Pendel „männlich", dann ließ man das Ei nicht von der Glucke ausbrüten und es durfte gegessen werden. Nichts sollte verschwendet werden. Der Mangel an Essen führte bald zu einem regen Tausch- und Schwarzhandel.

Arbeitsleben

Der Krieg änderte in der Arbeitswelt das gewohnte Bild. Bei der Montafonerbahn gab es die erste Schaffnerin, bei der Post die ersten Briefträgerinnen. Frauen pendelten vermehrt zur Schichtarbeit in die Firma Getzner nach Bludenz. In Schruns wurde ein Reichsarbeitsdienst (RAD) – Lager an der Litz neben dem heutigen Sozialzentrum eingerichtet. Es bestand aus mehreren Baracken. Dorthin kamen österreichische und deutsche Frauen ab 18 Jahren. Die Frauen wurden zu verschiedenen Arbeiten verpflichtet. Manche kamen in Haushalte mit mehreren Kindern, wo sie bei der Hausarbeit und Kindererziehung helfen mussten; andere wurden der Landwirtschaft zugeteilt, wo sie für alle anfallenden Arbeiten herangezogen wurden.

Einheimische Mädchen mussten nach den acht Schulstufen mit 14 Jahren das Pflichtjahr machen. Eine Zeitzeugin erzählte mir, dass sie mit 14 Jahren zu einer Familie mit zwei kleinen Kindern kam, wo sie das ganze Haus zu putzen und die Kinder zu beaufsichtigen hatte. Sie wog damals 36 kg und war 1,45 m groß. In der Küche musste sie ebenso helfen wie beim Wäschewaschen, und sie durfte nur am Sonntag nach Hause gehen. Die Hausfrau führte ein sehr strenges Regiment. Die Kinder hatten das kleine „Mägdle" sehr gern, sodass heute noch Kontakt besteht.

Auch Männer kamen durch den RAD ins Montafon. Es handelte sich dabei um dienstverpflichtete Männer aus Österreich und Deutschland.

Zudem wurden 699 Zwangsarbeiter[101] ins Montafon gebracht. 86 davon waren Frauen. Bei den Zwangsarbeitern handelte es sich um Straf- und Kriegsgefangene, die von ihrer Heimat verschleppt

[101] Die Zahlen sind im Vorarlberger Landesarchiv dokumentiert. Tatsächlich waren es bedeutend mehr Zwangsarbeiter im Montafon, deren Namen aber nicht mehr zu erschließen sind, weil die Bezirkshauptmannschaft Bludenz nach 1945 massiv Akten vernichtete.

und hierher gebracht wurden, um vor allem Schwerarbeit zu leisten. Von den 699 Personen stammten 223 aus dem alten Jugoslawien, 163 aus der Ukraine, 129 aus Polen, 72 aus Griechenland, 19 aus der Tschechoslowakei, 14 aus Rumänien, 7 aus Russland und 2 aus der Türkei. Die Arbeitskraft der genannten Personen wurde vor allem bei Bauarbeiten (zum Beispiel Illwerke) und in der Landwirtschaft eingesetzt.

Frömmigkeit

Ein Zeitzeuge aus Schruns erzählte mir, dass seine Nachbarn, ein Ehepaar mittleren Alters, die bis 1938 jeden Sonntag die Messe besuchten – die Frau immer festlich gekleidet in der Montafoner Tracht – auf einmal nicht mehr in die Kirche gingen. Von ihrem Haus hing nunmehr bei diversen politischen Anlässen eine vier Meter lange, nationalsozialistische Fahne. Der Zeitzeuge wunderte sich, woher seine Nachbarn diese plötzlich hatten. Er war damals ein Schulbub und fragte sich, wie so ein extremer Gesinnungswandel möglich war. Versprach die nationalsozialistische Ideologie soviel religiösen Halt? Auch andere Dorfbewohner, die zuvor viel auf kirchliche Frömmigkeit gegeben hatten, blieben nach der Machtübernahme der Nationalsozialisten und dem Anschluss Österreichs an Deutschland zunehmend den Gottesdiensten fern. Etliche traten aus der Kirche aus.

Gottesdienste wurden weiterhin gefeiert, doch Prozessionen und Bittgänge fanden nicht mehr statt. Sie waren verboten. Die Montafoner Schulkinder, die bis 1938 täglich vor Schulbeginn in die Kirche gehen mussten, waren dieser Pflicht nun enthoben. Auch die Sonntagsmesse war nicht mehr obligatorisch. Dennoch besuchte die Mehrzahl der Montafoner weiterhin die Sonntagsliturgie – am Vormittag die Messe und am Nachmittag die Vesper. Im Winter froren die Kinder und auch die Erwachsenen oft sehr in den bitterkalten, unbeheizten Kirchen. Dabei auch noch still in der Bank zu verweilen, war nicht immer leicht. Wer am Sonntag die heilige Kommunion empfangen wollte, musste am Vortag zur Beichte gehen. In der Kirche saßen Frauen und Männer beziehungsweise Mädchen und Buben getrennt.

In der Schule wurde ab 1938/39 vor dem Unterricht nicht mehr gebetet. Stattdessen wurden Lieder gesungen wie zum Beispiel „I Muatters Stübele", „Im schönsten Wiesengrunde" oder „Am Brunnen vor dem Tore." Die geistlichen Schwestern, die an der Volksschule Schruns unterrichteten – Sr. Alacoque und Sr. Girlanda – mussten den Unterricht quittieren und wurden durch zwei Lehrer ersetzt, die bereits pensioniert waren.

Der Hitlergruß

Nach der Machtübernahme wurden die üblichen Grußworte wie zum Beispiel „Grüß Gott" ersetzt durch „Heil Hitler". Eine Zeitzeugin, die als junges Mädchen Anfang der 1940er Jahre auf dem Bezirksgericht in Schruns arbeitete, erzählte mir, dass sie von einem ihrer neuen Vorgesetzten jedes Mal, wenn sie statt „Heil Hitler" „Guten Morgen" oder „Grüß Gott" sagte, mit den Worten gemaßregelt wurde: „Können Sie nicht grüßen?!" Da sie trotzdem bei den traditionellen Grußformen blieb, erhielt sie sehr bald die Einberufung zum Wehrdienst und musste eine Stelle beim Wehrmeldeamt in Bludenz antreten. Dabei hatte sie noch Glück. Andere Mädchen mussten an die Front einrücken, wie zum Beispiel vier junge Montafonerinnen,[102] die auf einen Frontflugplatz in Bayern kamen, der oft bombardiert wurde. Dass der Einberufung von jungen Mädchen manchmal von außen „nachgeholfen" wurde, bestätigen mehrere Zeitzeugen.

[102] Brigitte Truschnegg: Interview mit Frau Helene Batlogg, Lorüns, aufgenommen am 24.10.2003. Montafon Archiv.

Zwei Montafoner Jungmädel in Uniform 1942

Mädchen ab zehn Jahren kamen zu den Jungmädeln. Für die Uniform brauchten sie einen dunkelblauen Rock und eine weiße Bluse, welche die Mütter meist selbst nähten. Die braunen Jacken gab es fertig zu kaufen. Die Jungmädel wurden in Gruppen zusammengefasst und führten unter der Leitung einer jungen Frau aus dem BDM verschiedene Aktivitäten durch. Sport wurde sehr groß geschrieben, und so mussten sich beispielsweise die Schrunser Mädchen am Samstag nachmittag auf dem Marktplatz einfinden und sich unter anderem in den Disziplinen Laufen, Weitsprung und Hochsprung üben. Sie trugen dabei schwarze Klotthosen und weiße Leibchen.

Vorarlberger Läuferinnen bei einem Sportfest in Bregenz 1940

In Schruns auf dem Litzdamm gab es durch den Einfluss des Nationalsozialismus bereits ein Freibad und so stand auch Wettschwimmen auf dem Programm.

Hinter der Turnhalle – dem heutigen Veranstaltungszentrum „Kulturbühne" – spielten die Jugendlichen Völkerball, sangen Lieder und marschierten dazu. Schulungen über Hitler waren auch immer wieder auf der Tagesordnung. In den Räumlichkeiten der Turnhalle waren die Mädchen angehalten, Spielzeug für Kinder zu basteln, Socken für Soldaten zu stricken, Briefe an Soldaten zu schreiben. Sie studierten dort auch Theaterstücke ein und brachten diese zur Aufführung.

Mädchen ab 18 Jahren kamen automatisch zum BDM. Sie wurden zum Arbeitseinsatz eingezogen und mussten in den meisten Fällen ihr Zuhause verlassen und irgendwo in der Fremde ihren Dienst verrichten. Eine Frau (Jahrgang 1924) aus Schruns erzählte, dass sie als Mitglied des BDM auf einen entlegenen Bauernhof in Salzburg kam, wo sie unter grauenvollen hygienischen Bedingungen leben und arbeiten musste. Sie berichtete, dass die Bauernfamilie die Hühner in der Küche hielt und es keine richtige Waschgelegenheit gab. Sie selbst war im Heustall untergebracht.

Körperpflege

Die Mädchen trugen zur damaligen Zeit im Montafon lange Haare, die zu Zöpfen geflochten wurden. Das Haare waschen war stets eine Prozedur, zumal es kein geeignetes Schampoo und kein fließendes Warmwasser im Haus gab. Auch Kopfläuse waren weit verbreitet. Das Entfernen der Nissen mit einem besonders feinen Kamm war qualvoll.

Gebadet wurde einmal in der Woche, meist am Samstag. Als Badewanne diente entweder eine Metallwanne, die in der Küche aufgestellt und mit Wasser befüllt wurde, das zuvor am Holzherd aufgewärmt werden musste, oder die Menschen badeten in einem Zuber in der Waschküche. Das Wasser wurde dort erwärmt, indem unter dem Zuber ein Feuer gemacht wurde. Da das Aufheizen des Wassers, das Befüllen und Entleeren der Wanne sehr aufwändig war, haben manchmal mehrere Familienmitglieder im selben Wasser gebadet.

Seife, Anfang der 50er Jahre

Mutter.

Mutter! Sonniges, goldiges Glück,
Du meine Heimat, mein Hort.
Mutter! Fühl meiner Pulse Schlag,
Durch Dich nur leb' ich fort.
Stütze mich, halte mich,
Es bittet Dein Kind,
Mütterlein, bleibe Du mein!
Danken will ich dem Himmel dafür,
Mutter – mein Mütterlein.

Muttertagskarte 1939

Von den großdeutschen Frauenvereinen Vorarlbergs wurde die Einführung eines Muttertags bereits in den 1920er Jahren propagiert. Nach der Machtübernahme der Nationalsozialisten wurde der Muttertag im Jahr 1933 in Deutschland ein offizieller Feiertag. Die religiös anmutenden Feierlichkeiten wurden in Konkurrenz zu christlichen Feiern auf sonntags um 10 Uhr angesetzt. 1938 wurde zusätzlich das Mutterkreuz für kinderreiche, deutsche Mütter eingeführt, das auch am Muttertag verliehen wurde. Frauen mit vier Kindern erhielten das bronzene, Frauen ab sechs Kindern das silberne und Frauen ab acht Kindern das goldene Mutterkreuz.[103] Sieht man von der Vereinnahmung des Muttertags für politisch-ideologische Interessen verschiedener Gruppierungen innerhalb Österreichs beziehungsweise Deutschlands ab, dann finden wir darin die Leistung von Frauen für die Erzeugung und Erziehung von Nachwuchs erstmals öffentlich gewürdigt. Auch im Montafon haben solche Feiern stattgefunden.

Das Ende der NS-Herrschaft

Nach dem Zusammenbruch des Regimes war die Bevölkerung mit der ganzen Wucht der nationalsozialistischen Gräueltaten konfrontiert. Die Verarbeitung – so berichten Zeitzeugen aus Schruns – setzte damit ein, dass alles, was nur irgendwie im Zusammenhang mit dem Nationalsozialismus stand, abgrundtief verurteilt wurde und niemand je etwas damit zu tun gehabt haben wollte. Die Einwohner zogen es vor über das Geschehene zu schweigen. Die Männer, die aus dem Krieg nach Hause kamen und unter anderen Umständen als Helden bejubelt worden wären, wurden beinah als Verbrecher angesehen.

Der Einzug der französischen und marokkanischen Besatzungssoldaten wurde von vielen Montafonern mit Freude begrüßt und schon bald schlug so manches Frauenherz für einen Mann aus dem Heer der ehemaligen Feinde. Die Menschen wollten nach vorne schauen.

[103] http://de.wikipedia.org/wiki/Muttertag – Abgerufen im Mai 2007.

Der Muttertag am zweiten Sonntag im Mai wurde beibehalten, das Mutterkreuz gehörte mit der Auflösung der NSDAP der Vergangenheit an. Die Ehre, die kinderreichen Frauen in aufwändigen, öffentlichen Feiern mit der Überreichung des Mutterkreuzes zuteil geworden war, überzog plötzlich ein dunkler Schatten. Das erhaltene Symbol der Wertschätzung war zu einem Makel geworden.

Mädchenbildung und Frauenberuf

Gleich nach der Jahrhundertwende tat sich im Bereich Mädchenbildung Einiges. 1902 gründeten die Kreuzschwestern die Privat-Handelsschule in Feldkirch; 1910 folgte der Bau des „Institutes St. Josef" (= Schule und Internat), das es heute noch gibt. Mädchen aus dem Montafon hatten nun die Möglichkeit, nach der achtstufigen Volksschule eine weiterführende Bildung zu erhalten, die sie auf einen Büroberuf sowie auf die Haushaltsführung vorbereitete. Die Montafoner Absolventinnen fanden unter anderem Arbeit bei Steuerberatern, Rechtsanwälten, bei den Vorarlberger Illwerken, in der Gemeindeverwaltung und in der Hotellerie. Der Besuch dieser Schule war für viele Montafonerinnen eine große Chance, da in der ersten Hälfte des 20. Jahrhunderts überhaupt nur wenige Kinder beziehungsweise Jugendliche eine weiterführende Schule besuchen konnten. Mädchen wurden außerdem erst nach und nach an öffentlichen Gymnasien zugelassen. Im Jahr 1923 besuchten beispielsweise insgesamt 912 Vorarlberger Kinder und Jugendliche ein Gymnasium, davon waren 892 Buben und 20 Mädchen.[104]

Durch den Besuch der Handelsschule und des Internats im Institut St. Josef waren junge Frauen aus dem Montafon oft besser ausgebildet als junge Männer, aber nicht unbedingt besser bezahlt. Das war auch der Grund, warum viele junge Frauen für ein, zwei Jahre in einen Haushalt in die Schweiz gingen, um dort Geld für ihre Aus-

[104] Ulrike Ebenhoch: Die Frau in Vorarlberg 1914-1933. S. 63.

steuer anzusparen. Damit reihten sie sich wieder in die Tradition der Montafoner Wanderarbeiter ein.

Nach der Eheschließung war es für Frauen unüblich, weiterhin ihrem Beruf nachzugehen. Ihre Hauptaufgabe bestand jetzt darin, den Mann zu versorgen und den Haushalt zu führen und, wenn Kinder kamen, diese zu erziehen. Ging eine verheiratete Frau trotzdem noch arbeiten, dann stand ihr vom Gesetz her ein Haushaltstag zu. Das heißt, sie bekam einen Tag im Monat frei, um die aufwändige Hausarbeit zu erledigen. Diesen freien Tag brauchte sie nötig, um die Wäsche zu waschen (ohne Waschmaschine), Vorräte einzukaufen und nach Hause zu schleppen, die Wohnung oder das Haus gründlich sauber zu machen und um Lebensmittel haltbar zu machen. Zum Beispiel Obst zu Marmelade und Säften zu verarbeiten, Nudeln herzustellen, Schmalz auszulassen, usw. Mag die Gewährung eines Haushaltstages für die verheiratete Frau auch sehr sozial erscheinen, so besiegelt sie doch, dass Hausarbeit Schicksal ist, Frauenschicksal. Bezüglich Mädchenbildung herrschte deshalb in den meisten Familien die Meinung: „Zu was a Meiggi etschas lärna lo? Dia hürotet eh."

Waschbrett mit Wasserschaff

Aussteuer

Die Aussteuer („d´Usstür") umfasste alles, was zur Gründung eines eigenen Hausstands notwendig war, von der Bettwäsche bis zum Kochtopf, vom Herd bis zum Kleiderschrank. Die Bett- und Tischwäsche wurde von den Frauen in der Freizeit oft liebevoll mit ihren Initialien bestickt. So blieb ihr lediger Name noch sichtbar, wenn sie beim Standesamt entsprechend der Gesetzgebung den Namen ihres Mannes annehmen musste.

Die materielle Grundsicherung zu stellen, war keine leichte Aufgabe für eine junge Frau. Ohne Durchhaltevermögen, Fleiß und Sparsamkeit nicht zu bewältigen. Vom Mann wurde kein Heiratsgut erwartet, da er nach der Eheschließung sowieso die Frau (und die Kinder) erhalten musste. Die Rollenaufteilung war damit ganz klar: der Mann war fürs Geldverdienen, die Frau für Haushalt und Kinder zuständig.

Während die verheiratete Frau grundsätzlich durch außerhäusliche Arbeit, durch Tätigkeit in der Landwirtschaft oder Privatzimmervermietung auch zum Familieneinkommen beitragen konnte, war es für den Mann undenkbar, dass er an Haushalts- und Fürsorgearbeiten partizipiert. Er hätte dadurch sein Gesicht, seine Ehre als Mann verloren. So war es beispielsweise tabu, dass ein Mann sein Kind im Kinderwagen durchs Dorf führte oder gar Windeln wechselte. Auch Geschirr abwaschen oder sich um die Reinigung des Hauses zu kümmern, galt als unehrenhaft für einen Mann. Einer Frau wurde es höchstens als unehrenhaft ausgelegt, wenn sie ihren Mann zu solchen Diensten anhielt.

Frauengruppen

Die Möglichkeiten außerhäuslichen Engagements waren für Frauen im Montafon bis in die Mitte des 20. Jahrhunderts sehr begrenzt. Frauen, die sich zusammen taten in freundschaftlicher Verbundenheit oder auch zur Erfüllung einer gemeinnützigen Aufgabe, gerieten sofort unter den Verdacht, ihre primären Pflichten (Mann, Kinder, Haushalt) zu vernachlässigen. Sie wurden sehr schnell zu „Ratschkacheln" gestempelt, oder es wurde ihnen vorgehalten zu „frömmeln", wenn sie sich kirchlich oder sozial engagierten.

Rückschlüsse auf weibliche Eigenschaften

Die Entwicklung des Tourismus und die beiden Weltkriege trugen dazu bei, dass Frauen aus ihren tradierten Geschlechtsrollen ein Stück weit hinauswuchsen. Kurzhaarfrisuren und die ersten Damenhosen waren sichtbarer Ausdruck des neu entwickelten Selbstverständnisses von Frauen. Haus- und Familienarbeit blieb allerdings zu hundert Prozent in der Zuständigkeit der Frauen und Mädchen.

Die Montafonerinnen hatten – wie in den Jahrhunderten zuvor – sehr viel zu leisten. Fleiß, Bescheidenheit, Robustheit, Geschick und Flexibilität waren nach wie vor unabdingbar, wie an einer für damals typischen Frauenkarriere sichtbar wird:

Anna[105] stammt aus Gortipohl. Ihre Mutter führte dort eine kleine Landwirtschaft. Anna und ihre Geschwister unterstützten die Mutter dabei. Der Vater war vom Frühjahr bis Herbst als Gipser und Stukkateur in Frankreich und Deutschland unterwegs. Anna besuchte die Volksschule in Gortipohl, eine einklassige Schule, in der alle Jahrgänge unterrichtet wurden. Bereits mit zwölf Jahren arbeitete sie in den Ferien (von Mai bis Oktober) bei einer Familie, wo sie die Kinder zu beaufsichtigen hatte. Als Entlohnung erhielt sie ein Stückchen Stoff für ein Kleid. Mit vierzehn Jahren absolvierte sie das Pflichtjahr bei einer Familie in St. Gallenkirch. Nach dem Pflichtjahr kam sie als Hausgehilfin in ein Gasthaus nach Rankweil. Gegen Ende des Zweiten Weltkrieges arbeitete sie als Bahnhofsschaffnerin. Nach dem Krieg verlor sie diese Stelle, und sie kam zu einer Familie in Bludenz. Nach dieser Tätigkeit arbeitete sie bis 1949 in der Getznerfabrik, ebenfalls in Bludenz. Die Fabriksarbeit war anstrengend (Akkordarbeit) – je flinker man war, desto mehr hat man ver-

[105] Michael Kasper: Interwiew mit Frau Anna Tschanun, Gortipohl, aufgenommen am 10.07.2004. Montafon Archiv.

dient. Von 1949 bis 1954 war sie in einem Haushalt in der Schweiz tätig. Die Bezahlung war dort gut. Einmal im Jahr kam sie von der Schweiz nach Hause. 1954 kehrte sie wieder in die Fabrik zurück – zunächst in die Getznerfabrik und dann in die Lodenfabrik in Schruns. 1956 heiratete sie und arbeitete von da ab in der Landwirtschaft. Der Mann war als Vermesser tätig und von Montag bis Freitag nicht zuhause. Die beiden haben sieben Kinder, zwei sind gestorben.

Zweite Hälfte des 20. Jahrhunderts

Landwirtschaft

Nach den Weltkriegen wurden immer mehr Landwirtschaften aufgegeben, Maisäße nicht mehr bewirtschaftet, steile Alpwiesen nicht mehr gemäht. Für die jungen Menschen war die Landwirtschaft einfach nicht lukrativ genug, und es boten sich ihnen andere Möglichkeiten des Gelderwerbs.

Da die alten Bauern in der Landwirtschaft („im Burna") ihre Lebensaufgabe und auch ihren Lebenssinn sahen, arbeiteten sie dort, bis sie aus Altersschwäche nicht mehr dazu im Stande waren. In kaum einem anderen Beruf sieht man so alte Menschen, wie diese Frau auf dem Foto, körperlich arbeiten. Für diese Frau ist es wahrscheinlich eine Selbstverständlichkeit und eine Notwendigkeit zu mähen. Bauern bekamen erst ab den 1970er Jahren eine Rente.

Bäuerin in Gortipohl 1985

So können wir die Betrübnis der Mütter und Väter verstehen, wenn alle Kinder von zu Hause weggingen und keines die Landwirtschaft übernehmen wollte, oder wenn kein Nachwuchs da war. Meist erwarteten oder wünschten sich die Eltern, dass ein Sohn das „Hemat" übernimmt. Wenn der Bauer aufgrund der kürzeren Lebenserwartung früher starb, blieb die ganze Arbeit bei der alten Bäuerin hängen. Die Kinder halfen zwar in ihrer Urlaubszeit bei der Heuernte im Sommer und unterstützten die Eltern so gut sie konnten finanziell, sie konnten aber den zunehmenden Zerfall nicht aufhalten.

Tourismus

Der Fremdenverkehr nahm in der zweiten Hälfte des 20. Jahrhunderts einen enormen Aufschwung, insbesondere die Privatzimmervermietung. Der Komfort war in den 50er und 60er Jahren allerdings noch sehr bescheiden, die Gastfreundschaft und Herzlichkeit dafür umso inniger. Die Gäste kamen hauptsächlich mit dem Zug ins Montafon; etliche hatten kein Zimmer vorreserviert und warteten darauf, von einheimischen Gastgebern am Bahnhof angesprochen zu werden, oder sie machten sich selbst auf die Suche nach einem geeigneten Quartier. Das Gepäck wurde mit einem Handwagen (einem Leiterwagen mit vier Rädern oder einem moderneren zweirädrigen Wagen) vom Bahnhof zur Unterkunft befördert.

Häufig haben die Montafoner auch ihre eigenen Schlafzimmer vermietet und sich und die Kinder im Wohnzimmer, Keller oder Dachboden einquartiert. Die Ausstattung der Zimmer war unterschiedlich. Etliche hatten in den Anfängen noch keinen Wasseranschluss im Haus, nur einen Laufbrunnen vor dem Haus. Zu den Komfortzimmern zählten damals Zimmer mit einem Waschbecken und fließendem Kalt- und Warmwasser sowie Toilette (Wasserklosett) auf dem Gang. Wenn noch ein Balkon dabei war, zählte das Zimmer zur besten Kategorie. Die Gäste wurden aufmerksam umsorgt und nahmen oft stark am Familienleben teil. Das heißt, die

Familienmitglieder teilten nicht selten auch ihre Gemeinschaftsräume (Küche, Wohnzimmer, Bad) und ihre Mahlzeiten mit den Gästen. Sie unternahmen mit ihnen Wanderungen und Ausflüge. Die Gastgeberin war sehr gefordert, denn das Service für die Gäste sah damals auch Dienste vor, die heute nicht mehr üblich sind, wie zum Beispiel Schuhe putzen und Kuchen backen für die Gäste.

Mit dem Bau der Bergbahnen und Lifte[106] gewann der Wintertourismus immer mehr an Bedeutung, sodass das Tal schon bald von zwei Saisonen im Jahr profitierte. Heute sind fast das ganze Jahr Gäste da. Die Kontinuität des Gästestroms ins Montafon hat die Privatzimmervermietung ziemlich verändert. Abgesehen davon, dass Zimmer mit Dusche/Bad und WC heute zum Standard gehören, verfügen die Zimmer auch meistens über eine Kochgelegenheit. Man spricht in diesem Zusammenhang von Ferienwohnung. In den Ferienwohnungen sind die Gäste auf sich gestellt und versorgen sich selbst. Die Gastgeber übernehmen nur die Endreinigung nach der Abreise der Gäste. Für viele Montafonerinnen bedeutet diese Form der Vermietung einen schönen (Zusatz-) Verdienst.

Auch in der Hotellerie hat sich in den letzten Jahrzehnten einiges getan: Sauna, Whirlpool und Hallenbad sind fast schon ein Muss. Daneben zahlreiche Wellnessangebote, ein vielseitiges Unterhaltungsprogramm, erlesene Speisen und Getränke, sportliche und kulturelle Events. Die Hoteliers sind gefordert, ständig neue Angebote zu entwickeln und zu vermarkten.

[106] 1946/47 wurde der erste Sessellift von Tschagguns auf Grabs gebaut, 1949 der zweite von Schruns auf den Kropfen. Weitere Aufstiegshilfen folgten in den nächsten Jahren und Jahrzehnten. Heute gibt es im Montafon 62 Liftanlagen und 222 km markierte Skiabfahrten.

Wirtschaft, Industrie und Gewerbliches Unternehmertum

Die Stromerzeugung (Illwerke) und der Tourismus haben sich im Montafon zu den Hauptwirtschaftszweigen entwickelt. Fabriken wie die Lodenfabrik wurden stillgelegt, kleinere Gewerbebetriebe wie Schneidereien mussten sich auf neue Gegebenheiten einstellen. Herrenanzüge, Damenkostüme und Mäntel wurden von der Mehrzahl der Menschen bald nur noch im Konfektionshandel erworben.

Was hat sich im Bereich des weiblichen Unternehmertums getan? Ein Blick in das Branchenbuch zeigt, dass die Montafonerinnen heute immer noch „unternehmenslustig" sind. Die Palette der Bereiche, in denen sie unternehmerisch tätig sind, ist im Vergleich zu früher breiter gefächert. Neben den traditionellen Bereichen – Gastronomie, Hotellerie und Handel – sind Frauen im Montafon heute in folgenden Berufsgruppen selbstständig:

Gewerbliche Buchhalterin
Werbegraphikerin und Designerin
Markt- und Meinungsforschung
Schreib- und Übersetzungsbüro
Friseurin
Kosmetikerin
Fußpflegerin
Masseurin
Versicherungsagentin
Finanzdienstleistungsassistentin
Floristin
Schlankheitsstudio
Platten- und Fliesenlegerin
Glaserin
Kunstgewerbliche Artikel-Erzeugerin
Kraftfahrzeugtechnikerin
Wäscherin und Wäschebüglerin
Erdbewegerin

Güterverkehr
Änderungsschneiderin
Energetikerin
Denkmal-, Fassaden- und Gebäudereinigerin
Trockenbauerin
Hundeschur- und Trimmanstalten
Werbeagentur
Datenverarbeitung
Kosmobiologische Dienstleistungen

Die offiziellen Gewerbebezeichnungen sind auch heute noch durchgehend in der männlichen Form verfasst. Ein Relikt aus der Zeit als Frauen noch aus den Gewerben ausgeschlossen waren (?).

Am stärksten vertreten sind die Unternehmerinnen im Handel, in der Gastronomie und Hotellerie sowie bei den Friseuren, Masseuren, Kosmetikern, Fußpflegern und Kosmobiologischen Dienstleistern.

Rückschlüsse auf weibliche Eigenschaften

Die zweite Hälfte des 20. Jahrhunderts brachte den Menschen enorme technische Neuerungen in ihre privaten Haushalte (Elektrogeräte, Telefon, Zentralheizung, Fernsehen, Computer, Auto...). Diese Entwicklung, verbunden mit dem Aufschwung im Tourismus, führte auf gesellschaftlicher Ebene zu tiefgreifenden Veränderungen.

Für Frauen bedeutete dies einerseits Erleichterung in der Hausarbeit. Diverse Geräte und Produkte wie Waschmaschine, Kühlschrank oder Staubsauger, Wegwerftaschentücher und Wegwerfwindeln entlasteten die Frauen nunmehr von zum Teil zeitaufwändigen und körperlich anstrengenden Tätigkeiten. Andererseits blieb die Hauptverantwortung für Haushalt und Kindererziehung nach wie vor bei den Frauen und nicht selten auch für die Landwirtschaft, welche von den Jungen keiner mehr übernehmen wollte.

Frau Batlogg aus Lorüns erzählt, dass sie die Landwirtschaft ihrer Eltern achtundzwanzig Jahre lang geführt hat und ihr Sohn sie nicht übernehmen wollte. „Mein Vater bat mich, die Landwirtschaft nie aufzugeben [...]. Mein Sohn heiratete nach Bürs und so blieb mir nichts anderes übrig, als zwanzig Stück Vieh und einige Schweine selbst zu versorgen. [...] Urlaub hatte ich nie, aber ihn auch nicht vermisst."[107]

Da die Montafonerinnen es verstanden, den Zustrom an Gästen zu fördern und zu nutzen, bauten sich viele damit ihre finanzielle Autonomie auf. Urlauber zu beherbergen bedeutete für die Frauen zunächst sehr viel Arbeit, aber auch Anerkennung. Das Freizeitverhalten der Gäste hat, wie bereits erwähnt, die Einheimischen nachhaltig beeinflusst. Den in der Zimmervermietung tätigen Frauen blieb

[107] Brigitte Truschnegg: Interview mit Frau Helene Batlogg, Lorüns, aufgenommen am 24.10.2003. Montafon Archiv.

allerdings aufgrund ihrer zahlreichen Verpflichtungen zunächst immer noch wenig Freizeit zur persönlichen Gestaltung mit Skifahren, Schwimmen, Wandern oder Reisen. Wahrscheinlich weniger Freizeit als einem Großteil der Männer, welche ab den 70er Jahren in vielen Berufen den arbeitsfreien Samstag genießen konnten. Erst die Umgestaltung der Privatzimmer zu Ferienwohnungen in den 80er und 90er Jahren reduzierte den zeitlichen Aufwand der Privatvermieterin für die Gäste.

Obwohl die Montafoner Frauen sehr viel zur Etablierung des Tourismus als Wirtschaftszweig beigetragen haben, lag und liegt die strategische Planung und Entwicklung in der Hand von Männern. Frauen sind in tourismusrelevanten Institutionen und Gremien, wie zum Beispiel in Tourismusverbänden, Agrargemeinschaften, Aufsichtsräten der Bergbahnen, so gut wie nicht vertreten, weder als Entscheidungsträgerinnen noch als Eigentümerinnen.

Zusammenfassend kann gesagt werden, dass die Montafonerin der zweiten Hälfte des 20. Jahrhunderts für Fleiß, Umsicht, Autonomiestreben, Gastfreundschaft und das Bewahren traditioneller Werte steht. Mit Autonomiestreben ist gewiss nicht nur das Streben nach finanzieller Unabhängigkeit gemeint, wenngleich diese eine wesentliche Voraussetzung weiblicher Autonomie darstellt. Autonomie bedeutet für Frauen, dass sie selbst definieren, was für sie richtig ist, dass sie mit Autorität auftreten und als eigenständige Personen gehört und gesehen werden.

So haben sich die Montafonerinnen in diesem Jahrhundert großteils aus einschränkenden Traditionen und Rollenbildern befreit. Gleichzeitig ist es ihnen gelungen, das Kostbare der überlieferten Sitten und Bräuche zu bewahren, neu zu beleben und so ins 21. Jahrhundert hinein zu retten. Sei es durch das bewusste Tragen der Tracht zu verschiedenen Anlässen, sei es durch die Sammlung und Konservierung von Wissen, Erfahrungen und Dokumenten. In diesem Zusammenhang möchte ich auf eine Fotoausstellung im Montafoner Bergbaumuseum in Silbertal hinweisen, welche die Silbertaler Tracht im Spiegel historischer Fotografien darstellt. Die Fotografien, die teilweise 130 Jahre zurückreichen, wurden von einer Frau – Luise Jenny – gesammelt und der Nachwelt erhalten. Durch die Anführung der Schicksale vieler Trachtenträger vermittelt die Ausstellung auch ein beeindruckendes Bild über die Lebensumstände im späten 19. und vor allem frühen 20. Jahrhundert.

Montafonerinnen haben also viel zur Gestaltung und Erhaltung der Alltagskultur beigetragen. Die Freude an kulturellen Werten ist im Montafon sehr groß und stellt ein wichtiges Korrektiv zur lieblosen Verkommerzialisierung des Tales im Interesse einzelner touristischer Großinvestoren dar.

Die Montafonerin im 21. Jahrhundert

Was lässt sich über die Montafonerin am Anfang des 21. Jahrhunderts sagen? Ich versuche diese Frage zu beantworten, indem ich einige interessante Montafonerinnen vorstelle. Als Montafonerin bezeichne ich einerseits eine Frau, die aus dem Montafon stammt. Sie kann, muss aber nicht im Montafon leben. Andererseits zähle ich Frauen zu den Montafonerinnen, die dort leben und arbeiten. Sie müssen nicht dort geboren sein.

Die vorgestellten Frauen repräsentieren einen bestimmten Tätigkeitsbereich. Ihre Biographien mögen stellvertretend für andere Frauen im Montafon stehen und Einblick geben in die Vielfalt des fraulichen Schaffens und in die Besonderheit des weiblichen Seins. Ich möchte mich an dieser Stelle bei den Frauen ganz herzlich für ihre Mitarbeit und Offenheit bedanken.

Martha Ammann, Trachtenstickerin und Bäuerin (Vandans)

Frau Martha Frast wurde am 21. April 1943 in Bartholomäberg als erstes von drei Kindern geboren. Ihre Eltern waren Bauern und führten gemeinsam eine Landwirtschaft. Martha Frast besuchte in Bartholomäberg die achtstufige Volksschule. Als sie am Ende der Schulzeit von einer Berufsberaterin gefragt wurde, was ihr Berufswunsch sei, antwortete sie: „Handarbeitslehrerin". Doch die dafür nötige weiterführende Ausbildung kam für das Mädchen nicht in Frage, da ihre Arbeitskraft auf dem elterlichen Hof benötigt wurde. Die Berufsberaterin bedauerte dies sehr, da Martha ein sehr gutes Zeugnis hatte.

Am 25. Juli 1964 heiratete Martha Ernst Ammann. Er stammte ebenfalls von Bartholomäberg und war Bauer und Bahnbediensteter. Gemeinsam erwarben sie eine Landwirtschaft in Vandans. 1965, 1967 und 1973 kamen ihre Töchter zur Welt.

Das Jahr, in dem die älteste Tochter, Anni, zur Firmung kam, war für Frau Ammann bedeutungsvoll. Anni wünschte sich nämlich, an diesem besonderen Festtag die Montafoner Tracht zu tragen. Die Mutter wollte ihr diesen Wunsch sehr gerne erfüllen und nahm ihn zum Anlass, das Kunsthandwerk des Trachtenstickens zu lernen. Ihre Lehrmeisterin war eine Bäuerin vom Innerberg namens Marie Walser. Seit dieser Zeit – das sind inzwischen 32 Jahre – fertigt Frau Ammann nun professionell Trachtenstickereien an. Für das Besticken aller drei Teile einer Tracht (Brusttuch, Leibchen und Schürzenbänder) benötigt sie 400 bis 500 Arbeitsstunden.

Vor etlichen Jahren trat die Landwirtschaftskammer mit der Anfrage an sie heran, ob sie nicht bereit wäre, Trachtenstickkurse zu geben, damit dieses uralte Kunsthandwerk nicht ausstirbt. Frau Ammann war damals eine der wenigen Frauen, die diese Technik noch beherrschte und ausübte. Sie nahm das Angebot gerne an und hielt mit großem Erfolg Stickkurse ab. Mittlerweile führen bereits drei junge Frauen das Handwerk aktiv weiter. Mit strahlenden Augen sagt Frau Ammann: „So hat sich mein Berufswunsch doch noch erfüllt."

Arbeitstisch von Frau Ammann

Martha Ammann ist aber nicht nur eine begabte Kunsthandwerkerin und beliebte Lehrerin, sondern auch eine äußerst engagierte Bäuerin. Seit 30 Jahren ist sie in verschiedenen Funktionen bei den Landesbäuerinnen tätig. 13 Jahre war sie Gebietsbäuerin, und derzeit ist sie Ortsbäuerin von Vandans. Zu den Aufgaben der Gebiets- und Ortsbäuerin zählen:

- Soziales Engagement für Bauern in Notlagen,
- Organisation und Durchführung von Kursen und geselligen Veranstaltungen,
- Gestaltung von religiösen Veranstaltungen wie Maiandachten,
- Organisation des Gebietsbäuerinnentages.

Frau Ammann führte und führt diese Tätigkeiten stets ehrenamtlich aus und erwarb sich dadurch große Anerkennung in der Bevölkerung. 2002 würdigte die Gemeinde Vandans ihr gemeinnütziges Schaffen mit der Verleihung des Verdienstzeichens in Gold. Rückblickend betrachtet, fragt sich Martha Ammann mit einem nachdenklichen Lächeln: „Ich weiß gar nicht, wie ich das alles geschafft habe." Bei Haushalt, Kindererziehung, Landwirtschaft, Kunsthandwerk und Ehrenamt blieb ihr nicht viel Zeit für Muße. Dennoch spürt man bei ihr keine Verbitterung. Sie strahlt vielmehr eine innere Zufriedenheit aus, die ihr auch heute noch die Kraft gibt, ihre vielseitigen Aufgaben zu erfüllen.

Ein bisschen ruhiger ist es schon geworden, seit die Kinder aus dem Haus sind und die Landwirtschaft übergeben ist. Leider ist ihr Mann vor ein paar Jahren verstorben. Die Begeisterung für die Montafoner Tracht ist von Frau Ammann auch auf ihn übergesprungen. Er hat die kunstvollen Krönchen für die Mädchentracht gefertigt. Tochter Rosi hat von ihrem Vater die Herstellung der „Schäppeli" übernommen.

Kennzeichnend für Martha Ammann ist sicher ihre Liebe zur Handarbeit, zu Tradition und Brauchtum sowie ihre Liebe zu den

Menschen, für die sie sich stets verdienstvoll engagiert hat beziehungsweise immer noch gerne engagiert – heute unter anderem auch als Mitarbeiterin im Weltladen in Schruns.

Die Herstellung der Tracht als wesentlicher Bestandteil von Tradition und Brauchtum erfordert neben Zeit, Geschick und Können auch einiges an Wissen. So zum Beispiel das Wissen, was alles zur Tracht gehört, welche Kopfbedeckung mit welcher Jacke beziehungsweise Bluse getragen wird und wie die einzelnen Teile angezogen werden. Das Ankleiden erfolgt also nach bestimmten Regeln und ist eine kleine Zeremonie. Auf den folgenden Bildern sehen wir, wie Frau Ammann Gabriella und Gloria liebevoll und fachkundig beim Anziehen der Tracht hilft. Martha Ammann hat einige Frauen- und Mädchentrachten, die sie für besondere Anlässe verleiht.

Teile der Mädchentracht:

- weiße Bluse mit schöner Spitze
- Trägerrock =„Juppa" aus schwarzem Wollstoff
- Untermieder aus Seide
- besticktes Brusttuch
- besticktes Leibchen
- Leibchenbänder
- Seidenschürze
- bestickte Schürzenbänder
- Krönchen mit roten Moiréebändern
- bestickte Zopfbänder
- Halsmäschchen
- rote Strümpfe
- schwarze Trachtenschuhe

Bügeln der weißen Trachtenblusen und Einziehen des Gummis in die Ärmelbündchen

Das zur Stickerei passende Untermieder aus Seide wird ins Juppamieder geschoben.

Auf das Untermieder kommt das bestickte Brusttuch, welches beim Einschnüren („Ibrisla“) seinen Halt erhält (Brusttuch = Brisnöstl).

Am Juppamiederrand sind „Hafta“ angenäht und mit dem „Brisnöstel“ verschnürt.

Das *Leibchen* („Libli“) deckt die Schultern ab. Vorne an den Seiten werden die dazugehörenden *Bändchen* angebracht.

Umbinden der Schürze und der schön bestickten Bänder
Die gefältelte *Seidenschürze* („Schoß“) wird hinten zugemacht und reicht von der Taille bis zum Juppensaum.
Die bestickten *Schürzenbänder* werden vorne zur Masche gebunden und reichen bis zum Saum der Seidenschürze.

Die Haare werden zu Zöpfen geflochten

Aufsetzen des Krönchens („Schäppili")

Rote Moireebänder sind am „Schäppili" befestigt. Die Bänder werden unter den geflochtenen Zöpfen zu einer Masche gebunden.

Anbringen der Zopfbänder

Auf den Zöpfen werden die Zopfbänder eingehängt. Die Enden der Bänder werden am „Schoßband" hinten durchgezogen und reichen bis zum Saum der Seidenschürze.

Und noch das „Halsmäschli" und fertig sind die „Schäppelmeiggana".

Die Beiden strahlen, denn die Montafoner Tracht ist wirklich etwas Besonderes und kleidet jede Frau auf ihre Art.

Gabriele (Gabi) Juen, Landtagsabgeordnete (St. Gallenkirch)

Frau Juen, geborene Wurzel, kam 1963 als viertes von sechs Kindern in Schruns zur Welt und wuchs bei ihren Eltern in Gortipohl auf. Ihre Mutter stammt aus Gortipohl, ihr Vater aus Berlin. Er kam als Urlaubsgast ins Montafon und lernte dort seine spätere Frau kennen. Frau Juen besuchte in Gortipohl die Volksschule und anschließend die neu eröffnete Hauptschule. Danach absolvierte sie das BORG in Feldkirch und arbeitete sodann zwei Jahre lang als Ordinationsgehilfin in einer Arztpraxis ebenfalls in Feldkirch. 1983 heiratete sie Herrn Elmar Juen aus St. Gallenkirch, wo sie seither wohnt. In den Jahren 1984 und 1986 kamen ihre beiden Söhne, Johannes und Florian, zur Welt. Acht Jahre widmete sie sich gänzlich der Familienarbeit und trat dann eine Teilzeitstelle in der Drogerie Ganahl in Schruns an. Heute arbeitet sie zwei Tage pro Woche im Handarbeitsstöbli Melitta Maier in Schruns. Da Handarbeit und insbesondere Stricken zu ihren Leidenschaften zählt, gefällt es ihr dort sehr gut.

Ihre politische Karriere begann 1990 in St. Gallenkirch, als sie angefragt wurde, ob sie bereit sei, im Ortsklub der ÖVP mitzuarbeiten. Ausgehend von dieser Mitarbeit kam sie in die Bezirksleitung der ÖVP und in die Landesleitung. Mit großem Engagement übte sie diese Tätigkeiten ehrenamtlich aus. 2002 wurde sie zur Bezirksobfrau der Frauenbewegung der ÖVP ernannt. Sie kandidierte auch erfolgreich für den Landtag und wurde am 11. April 2007 als Landtagsabgeordnete angelobt.

Kontinuierliche Fort- und Weiterbildung ist für Frau Juen eine Selbstverständlichkeit. Sie absolvierte beispielsweise Kurse in Buchhaltung, Rhetorik und Italienisch sowie einen einjährigen Politiklehrgang für Frauen.

Neben ihrem beruflichen und politischen Engagement führt sie noch verschiedene ehrenamtliche Tätigkeiten aus. Aktuell organisiert sie mit Unterstützung des Heimatmuseums einen Trachtenstammtisch, wo es darum geht, Frauen zu motivieren, wieder öfter die wunderschöne Montafoner Tracht zu tragen. Initiatorin dieses Stammtisches war Frau Annelies Lorenzin. Da Frau Juen über viele Kontakte verfügt, sehr gut organisieren kann und selber gerne die Montafoner Tracht trägt, wurde sie von Annelies Lorenzin für die Organisation des Trachtenstammtisches angefragt. Frau Juen hat ihre Tracht von der Großmutter bekommen und meint: „Die Tracht richtet Frauen auf. Eine Frau in der Tracht bewegt sich anders, geht anders – aufrechter, würdevoller."

Es ist eines ihrer großen Anliegen, Frauen in allen Lebensbereichen zu stärken. So engagiert sie sich auch als Regionensprecherin des Frauennetzwerks Vorarlberg. Dieses Netzwerk bietet diverse Veranstaltungen für Frauen an, wie zum Beispiel Gesundheitswochen oder Vorträge. „Vernetzung ist für Frauen sehr wichtig. In Netzwerken finden Frauen auf schnellem Weg Unterstützung bei den unterschiedlichsten Fragen und Problemen. Gleichzeitig kann jede Frau auch für andere Frauen hilfreich sein", sagt Frau Juen. Aber auch im Miteinander von Frauen und Männern sieht sie gewinnbringende Vernetzungsmöglichkeiten. So beteiligt sie sich derzeit an den Vorbereitungen zur Gründung eines gemischten Lions Club in Bludenz.

Ehrenamtliches Engagement für einen gemeinnützigen Zweck hatte in ihrem Leben immer schon einen großen Stellenwert. Frau Juen wirkte acht Jahre lang als Sanitäterin beim Roten Kreuz Bludenz. Zehn Jahre lang engagierte sie sich im Kirchenchor in Gortipohl. Ihr Idealismus, sich in den Dienst einer guten Sache zu stellen, ist nach wie vor ungebrochen.

Neben ihren vielseitigen Aufgaben und Interessen nimmt sie sich aber auch Zeit für die Haushaltsführung. „Ich habe mit der Hausarbeit kein Problem. Ich mach halt, was zu tun ist." Unterstützung erhält sie von ihrem Mann, der zum Beispiel den wöchentlichen Einkauf am Samstag erledigt.[108] Entspannung und Ausgleich findet sie beim Nordic Walking und auf langen Wanderungen (bis zu 30 km) mit ihren Söhnen. Auch beim Handarbeiten und Krimilesen findet sie Ruhe und Erholung. Ein Lieblings-Urlaubsziel ist die Toskana.

Als Landtagsabgeordnete ist sie Mitglied im Energiepolitischen Ausschuss, im Finanzausschuss, im Kontrollausschuss, im Rechtsausschuss und im Volksanwaltsausschuss sowie Ersatzmitglied im Europa-Ausschuss, im Kultur- und Bildungsausschuss, im Sportausschuss, im Umweltausschuss und im Volkswirtschaftlichen Ausschuss.

[106] Herr Juen ist im Juni 2008 überraschend verstorben.

Ihr größtes Anliegen im Umwelt- und energiepolitischen Bereich ist die Erhaltung eines gesunden und attraktiven Lebensraums. Im Hinblick auf das Montafon sieht Frau Juen insbesondere bezüglich der Verkehrssituation einen dringenden Handlungsbedarf. „Das hohe Verkehrsaufkommen zwischen Gaschurn und Bludenz ist in erster Linie hausgemacht." Sie bezieht sich dabei auf Studien, die belegen, dass der Verkehr im Montafon übers Jahr verteilt an manchen Tagen fast gleich stark ist wie an den Spitzentagen im Winter, wenn die Skifahrer an- und abreisen. Eine Reduktion des Individualverkehrs, vor allem des Pendlerverkehrs, wäre ihrer Meinung nach durch die Bildung von Fahrgemeinschaften zu erzielen, die zentral (zum Beispiel über die Gemeinden) organisiert werden. Menschen, die auspendeln, könnten dann über die Gemeinde Mitfahrgelegenheiten finden oder anbieten. „In Verbindung mit speziellen Anreizen könnte das ausgezeichnet funktionieren."

Auch über den Tourismus macht sich Frau Juen Gedanken. „Der Tourismus ist der wichtigste Wirtschaftszweig im Montafon; da muss man sich gut überlegen, wohin man will." Sie persönlich setzt auf einen lukrativen Qualitätstourismus, der ganz auf die Bedürfnisse des Gastes eingeht und gleichzeitig den Erfordernissen der Natur und den wirtschaftlichen Interessen Rechnung trägt. Hier eine gute Balance zu finden, ist ihr ein grundlegendes Anliegen. Eine große Chance zur Etablierung eines qualitätsvollen Fremdenverkehrs sieht sie beispielsweise in der Gewinnung und Erhaltung von Stammgästen. Für diesen Kundenkreis habe das Montafon sehr viel zu bieten: Ruhe und Erholung in der Natur, Sport- und Wandermöglichkeiten, kulturelle Angebote, regionale kulinarische Spezialitäten, Freundlichkeit und Offenheit der Einwohner.

Wie bereits erwähnt, setzt sich Frau Juen sehr stark für Frauenanliegen ein. Auf politischer Ebene möchte sie Vorbild sein und viele Frauen motivieren, sich politisch zu engagieren. „Frauen bringen einfach eine andere Sichtweise ein." Diese andere Sichtweise schließe die Interessen und Bedürfnisse von Frauen mit ein und führe langfristig zu einer gerechteren Gesellschaft. Dazu ist es ihrer Meinung nach aber auch nötig, dass Frauen im Beruf vermehrt in Führungspositionen kommen. Mit einem Lächeln denkt sie über eine kompetente Frau in der Position des UNO-Generalsekretärs oder des Chefs der Weltbank nach. Um Frauen in der Wirtschaft und in der Politik nachhaltig zu stärken, hält sie die Arbeit an der Basis, das Knüpfen von Netzwerken für zentral. „Ich bin gut vernetzt, dadurch ist vieles für mich leichter", spricht sie aus ihrer eigenen Erfahrung. Auffallend ist, dass bei Frau Juen immer Optimismus und Zuversicht mitschwingen, wenn sie über politische Themen wie beispielsweise Frauenanliegen spricht. Ihre optimistische Haltung, die gepaart ist mit der Bereitschaft, Dinge anzupacken, entspringt ihrem Lebensmotto: Nach vorne schauen und alle Aufgaben mit einer grundsätzlich positiven Einstellung angehen.

Renate Vallaster, Schuldirektorin in St. Gallenkirch (Bartholomäberg)

Frau Renate Vallaster wurde 1946 in Bludenz geboren und wuchs am Bartholomäberg auf. Ihre Mutter stammt aus Südtirol und ihr Vater vom Bartholomäberg. Sie ist die Älteste von insgesamt sieben Geschwistern.

Ein tiefer Einschnitt in ihrer Kindheit ereignete sich im Lawinenwinter 1954. Sie war acht Jahre alt und befand sich mit ihren Eltern und den zwei jüngeren Schwestern im Haus, als die Lawine zu Tal stürzte und Haus und Hof mit sich riss. Ihre Mutter und ihre jüngste Schwester verloren dabei das Leben. Der Vater, Haupterwerbsbauer, stand mit seinen beiden überlebenden Töchtern vor dem Nichts. In mühevoller Arbeit wurden Haus und Stall wieder aufgebaut und die Schulden nach und nach abbezahlt. Der Vater heiratete noch einmal und aus dieser Ehe stammen ihre vier Halbgeschwister.

Leicht war das Leben für das Mädchen, Renate Vallaster, auch sonst nicht. Die ersten drei Volksschuljahre absolvierte sie in Bartholomäberg. Von ihrem Zuhause musste sie eine Stunde steil bergauf zur Schule gehen. Hinunter ging es etwas schneller. Vier mal in der Woche hatte sie am Nachmittag Unterricht, was bedeutete, dass sie den weiten Schulweg hinauf und hinunter zweimal machen musste.

In ihrer Freizeit half sie in der Landwirtschaft mit. Besonders gut in Erinnerung ist ihr das Heuen in den steilen Hängen. Die vierte Klasse Volksschule besuchte sie in Schruns. Da hatte sie „nur" zwanzig Minuten Gehzeit. Von 1956 bis 1960 ging sie dort auch in die Hauptschule. Danach absolvierte sie die Lehrerbildungsanstalt in Feldkirch. Die Möglichkeit, eine weiterführende Schule zu besuchen, die sie auf ihren Wunschberuf vorbereitete, bedeutet für Frau Vallaster ein großes Geschenk. „Es war keineswegs selbstverständlich, dass ich als Mädchen so eine Ausbildung machen durfte. Die Leute haben zu meinem Vater gesagt, dass es ein Blödsinn sei, mich in die Lehrerbildungsanstalt zu schicken, weil ich danach eh heiraten würde und dann alles umsonst sei. Mein Vater aber hat mich verstanden. Er hätte selbst gerne nach der Pflichtschule weitergelernt. Er war ein begabter Schüler. Lehrer und Pfarrer redeten seinen Eltern zu, ihn etwas lernen zu lassen, aber die Umstände erlaubten es einfach nicht."

Im Jahr 1965 begann Frau Vallaster in der Volksschule St. Gallenkirch zu unterrichten. Sie war damals die einzige Frau im Lehrkörper. Nach 20 Jahren Lehrtätigkeit in der Volksschule suchte sie eine neue Herausforderung und wechselte 1986 an die Polytechnische Schule

(Poly) St. Gallenkirch, die sich im gleichen Gebäude wie die Volksschule befindet. Um auch die rechtlichen Voraussetzungen für den Unterricht an Hauptschulen und Polytechnischen Lehrgängen zu erfüllen, legte sie zwischen 1987 und 1994 die Lehramtsprüfungen in den Fächern Mathematik sowie Geographie und Wirtschaftskunde ab. Im Jahr 2000 übernahm sie die Leitung beider Schulen, der Volksschule und der Polytechnischen Schule. Da es sich um zwei verschiedene Schulen mit ganz unterschiedlichen organisatorischen Anforderungen handelt, ist sie als Direktorin sehr gefordert. Neben ihren vielfältigen Leitungsaufgaben unterrichtet sie auch noch – in diesem Schuljahr hauptsächlich am Poly.[109]

Volksschule und Polytechnische Schule in St. Gallenkirch

[109] Frau Vallaster ist jetzt in Pension und die Polytechnische Schule geschlossen.

Eines ihrer großen Hobbys ist Sprachen lernen. In zahlreichen Kursen und Sprachaufenthalten im Land selbst hat sie sich fundierte Kenntnisse in Englisch, Französisch, Italienisch und Spanisch angeeignet. Auch ihre Schüler im Poly profitieren von ihrer Sprachleidenschaft. Sie erhalten von Frau Vallaster Unterricht in Englisch und Französisch. Besonders gerne unterrichtet Frau Vallaster Französisch. „Es ist eine schöne Sprache und sie ist im Tourismus sehr gefragt. Da etliche Schüler eine Lehre in der Gastronomie absolvieren wollen, ist dies eine gute Vorbereitung." Neben Englisch, Französisch, Mathematik, Geographie und Wirtschaftskunde gehört auch Politische Bildung zu ihren Unterrichtsfächern.

So vielseitig wie ihre Unterrichtsfächer sind auch ihre persönlichen Interessen: Im Winter geht sie gerne Skifahren. Da die Skilifte nicht weit von der Schule entfernt sind, packt sie manchmal in der Mittagspause die Ski, fährt hinauf, um zwei Stunden lang über die wunderbaren Pisten zu gleiten und anschließend wieder ihre Tätigkeit in der Schule fortzusetzen. In den Sommerferien bereist sie mit Vorliebe andere Länder. Angezogen und fasziniert von der fremden Landschaft und Kultur, ist jede Reise für sie ein intensives Erlebnis. „Als Kind bin ich mit dem Finger auf der Landkarte gereist. Wenn ich dann persönlich an einen Ort komme, von dem ich als Kind geträumt habe, erfüllt mich ein großes Glücksgefühl und ich bin dankbar, dass ich das erleben darf." Freude bereitet ihr auch das Lesen von Reiseberichten. Aber auch Romane und Belletristik bedeuten ihr viel. Eine weitere Bereicherung stellt für sie das Hören von guter Musik dar. Frau Vallaster ist auch selbst sehr musikalisch und engagiert sich seit siebzehn Jahren im Kirchenchor St. Gallenkirch.

Von 1983 bis 1991 war sie als ehrenamtliche Funktionärin in der Lehrerpersonalvertretung des Landes Vorarlberg tätig, um sich für die Anliegen der Lehrerinnen und Lehrer einzusetzen. Heute arbeitet sie im Ausschuss des Christlichen Lehrervereins, der eine pädagogische Zeitung herausgibt, jedes Jahr eine Pädagogische

Tagung und viele andere Veranstaltungen organisiert. Bedauerlich findet sie, dass die Angebote von immer weniger Lehrern wahrgenommen werden. „Es wird in der heutigen Zeit sehr viel Wert auf individuelle Freizeitgestaltung gelegt. Die Menschen wollen nicht mehr so gerne Verpflichtungen eingehen und sich beispielsweise an einen Verein binden."

Frau Vallaster hat in ihrer 42-jährigen Dienstzeit noch viele andere Entwicklungen und Veränderungen wahrgenommen: „Die Schule hat gesellschaftlich nicht mehr diesen Stellenwert wie früher. Die Eltern bringen sehr stark ihre Vorstellungen ein und erwarten, dass die Lehrkräfte diesen allen gerecht werden. Die Einflussnahme von außen ist einfach zu groß. Jeder meint in allen schulischen und pädagogischen Fragen mitreden zu können und jeder Kopf hat eine andere Meinung." Starke Veränderungen nimmt sie auch bei den Kindern selbst wahr: „Die Kinder haben große Konzentrationsprobleme; sie hören ganz wenig zu, und es muss auch immer irgendeine ‚action' sein. Früher habe ich Klassen geführt mit bis zu 41 Schulkindern – zwei Jahrgänge zusammengefasst – und ich kann sagen, dass sie

etwas gelernt haben. Heute wäre so eine Klassengröße für mich undenkbar. Die Kinder sind viel weniger gesammelt, quatschen, sind mit dem Kopf häufig woanders, akzeptieren Entscheidungen nur sehr schwer und wollen für alles eine Erklärung. Wir Lehrkräfte sind als Bezugspersonen gefordert, die Ruhe und Klarheit vermitteln. Die Kinder können ja nichts dafür. Das Leben ist heute so."

Der Lehrberuf bereitet Frau Vallaster immer noch große Freude. „Es ist einfach schön, wenn ich sehe, dass die Kinder etwas gelernt haben, wenn ich ihnen etwas mitgeben konnte, wenn zum Beispiel ein Schüler, der widerwillig am Förderunterricht teilnimmt, plötzlich sagt: ‚Jetzt habe ich das zum ersten Mal verstanden. Es ist ja ganz einfach.' Schön ist auch, dass alle 15 Poly-Absolventen heuer bereits eine Lehrstelle gefunden haben."

Das, was Frau Vallaster ihren Schülern zusätzlich zu den fachlichen Kenntnissen und Fertigkeiten mitgeben möchte, ist das Vertrauen, dass es immer weitergeht und man nicht aufgeben darf. Dieses Lebensmotto hat sie zum Teil von ihrem Vater übernommen. In Anbetracht der schweren Schicksale, die der Vater zu meistern hatte, wie die dreijährige russische Kriegsgefangenschaft, den Verlust seiner Frau und seiner Tochter, die Zerstörung von Hab und Gut, bekommt dieses Lebensmotto eine außergewöhnliche Tiefe und Überzeugungskraft. Das Vertrauen von Frau Vallaster, dass es immer weiter geht und einen Halt gibt, der alles Materielle übersteigt, wurzelt aber auch in ihrer eigenen Erfahrung, dass sie das Lawinenunglück überlebt hat. So möchte sie auch in ihren Schülern das Gefühl stärken, dass sie gehalten sind. Die erste Unterrichtsstunde beginnt sie daher gerne mit einem kurzen Gebet oder einem besinnlichen Text.

Frau Vallaster lebt heute gemeinsam mit zwei ledigen Brüdern in ihrem Elternhaus in Bartholomäberg. Trotz Berufstätigkeit führt sie dort den Haushalt. Langweilig wird ihr nie.

Sieglinde Hueber; angelernte Wachszieherin – seit kurzem in Pension (Schruns)

Frau Hueber, geborene Heim, erblickte im Jahr 1950 in Bludenz das Licht der Welt und ist in Thüringen in Vorarlberg aufgewachsen. Sie ist das zweite von fünf Kindern. Ihre Großmutter besaß eine Metzgerei in Thüringen, und ihr Vater war Metzger. Von klein auf hat sie Hilfsdienste in diesem Betrieb übernommen. Nach der Pflichtschule absolvierte sie in Bludenz eine Lehre im Verkauf. Da ihre Tante in Tschagguns das Hotel Cresta führt und Sieglinde sehr gut brauchen konnte, hat sie sie nach der Lehre gebeten, nach Tschagguns zu kommen und in ihrem Hotel zu arbeiten. Frau Hueber hat dieses Angebot gerne angenommen und wurde in allen Bereichen der Gastronomie sowie als Verkäuferin im dazugehörenden Sportgeschäft eingesetzt.

Im Montafon hat sie dann ihren Mann, Herrn Karl Hueber, kennen gelernt, der in Schruns eine Wachszieherei besitzt. Im Jahr 1972 kam ihre Tochter und 1979 ihr Sohn zur Welt. Heute ist Frau Hueber bereits stolze Großmutter von zwei Enkelkindern. Nach der Geburt ihrer Tochter arbeitete Frau Hueber sechs Jahre im Personalbüro der Firma Hilcona in Liechtenstein, da sie in der Gastronomie zu wenig Zeit für ihre Tochter gehabt hätte. Anschließend nahm sie die Arbeit im Betrieb ihres Mannes auf. Sie eignete sich alle Fertigkeiten und Kenntnisse an, die für die Kerzenproduktion nötig sind. Frau Hueber arbeitete vor allem im Ein- und Verkauf sowie in der Produktion. Diese Tätigkeiten übte sie fast 30 Jahre lang aus. Anfang 2007 ging sie in Pension. Da gewisse Arbeiten wie zum Beispiel das Öffnen der Metallformen die Hände sehr stark beanspruchen, hat sie phasenweise große Schmerzen in den Fingern und Gelenken bekommen. Je nach Auftragslage werden im Betrieb bis zu 2000 Kerzen pro Tag gefertigt.

Das flüssige Wachs erkaltet in Eisenformen.

Mit großer Begeisterung, mit viel Erfahrung und Wissen erzählt sie vom Handwerk des Kerzenmachens: „Das Wichtigste ist, dass das Wachs eine gute Qualität hat. Wir achten beim Einkauf sehr auf die Qualität." Das Bienenwachs wird im Großhandel gekauft, derzeit von einer Firma in Deutschland. Von heimischen Imkern kaufen sie nur sehr begrenzt, weil die Reinigung des Wachses sehr aufwändig ist.

Da das Bienenwachs ein sehr zähflüssiges Wachs ist, mischen sie zirka 25 Prozent andere Wachse (Paraffin und Stearin) hinzu. Der Vorteil dieser Mischung ist, dass die Kerzen weniger dicke Dochte brauchen und langsamer brennen. Zur Herstellung der traditionellen Bienenwachskerzen wird das flüssige Bienenwachsgemisch in Formen gegossen. Nach dem Erkalten werden sie aus den Formen genommen und weiter bearbeitet.

Wenn die Kerzen eine glatte Oberfläche erhalten sollen, werden sie mindestens dreimal in ein Tauchbad aus reinem flüssigem Bienenwachs getaucht. Jede Kerze wird einzeln am Docht genommen und von Hand eingetaucht. Eine maschinelle Fertigung ist aufgrund der zähflüssigen Konsistenz des Bienenwachses nicht möglich.

Nach dem Tauchbad wird der Docht oben abgeschnitten und die Kerze auf ein Schmelzgerät gestellt, damit sie unten schön glatt wird. Dann wird jede Kerze noch einmal einzeln in die Hand genommen, um das Pickerl drauf zu kleben und sie anschließend zu verpacken. Die Rohlinge werden auf Lager produziert, den äußeren Schliff erhalten sie jedoch erst kurz vor der Lieferung beziehungsweise dem Verkauf, um höchste Qualität zu garantieren.

Eine andere Technik zur Herstellung der traditionellen Bienenwachskerzen ist das Gießen von flüssigem Wachs über einen Docht. Nach mehrmaligem Übergießen entsteht eine Kerze mit spitzer Form. Diese Form kommt dadurch zustande, weil das heiße Wachs beim Herunterrinnen abkühlt und je kälter es ist, desto mehr davon bleibt hängen.

Soll die Kerze dennoch eine zylindrische Form erhalten, wird sie, sobald sie zwei Drittel des gewünschten Durchmessers erreicht hat, umgedreht und von neuem übergossen. Dadurch, dass unten mehr Wachs hängen bleibt, nimmt die Kerze mit der Zeit eine zylindrische Form an.

Zu ihren Großkunden zählen Heimatwerke in Österreich, Geschäfte und Drogerien in Österreich und Liechtenstein. Die Lieferzeit für größere Bestellungen beträgt einen Monat. Herr Hueber führt das Unternehmen mit drei Angestellten. Frau Hueber ist nun zwar in Pension, aber im Hintergrund ist sie immer noch präsent, um mit ihrem Wissen und Können einzuspringen, wenn es nötig ist.

Neben der Herstellung von Bienenwachskerzen produziert die Wachszieherei Hueber auch weiße Kerzen (Haushalts- und Kirchenkerzen), die je nach Bedarf eingefärbt und verziert werden. Die weißen Kerzen können maschinell gefertigt werden.

Maschine zur Herstellung von weißen Kerzen

Einfärben der weißen Kerzen von Hand

Die Gesamtproduktion des Montafoner Traditionsbetriebes besteht dennoch zu zwei Drittel aus Handarbeit. Ausschlaggebend für den Erfolg dieses Handwerkbetriebes sind deshalb vor allem Fleiß und Können. Aber auch die familiäre Führung ist ein wichtiger Faktor. Alle Angestellten waren oder sind langjährige Mitarbeiterinnen.

Frau Hueber hat sich neben Beruf, Haushalt und Familie – wenn es die Zeit erlaubte – auch noch anderen Interessen gewidmet. Spaziergänge, kleine Wanderungen, Schwimmen, Langlaufen und Gartenarbeit zählen zu ihren Hobbys. Gerne besucht sie kulturelle Veranstaltungen in der Region, wie zum Beispiel Kabarett- und Theateraufführungen der Kulturbühne oder Konzerte des Montafoner Sommers. Freude bereiten Ihr auch Erholungsaufenthalte in einer Therme und diverse Wellnessangebote wie Massagen, Sauna und Kosmetik.

Ehrenamtlich engagiert sie sich seit vielen Jahren im Führungsteam des Frauenbundes Schruns. Dieser Verein wurde 1948 gegründet und setzt sich für soziale Anliegen ein, organisiert Ausflüge und gesellige

Runden. Frau Hueber investiert oft viel Zeit, um ansprechende Veranstaltungen zu organisieren. Dabei macht sie gelegentlich auch die Erfahrung, dass es schwierig ist, die Frauen zur Teilnahme zu motivieren. „Manchmal müssen wir Veranstaltungen absagen, weil sich zu wenige Teilnehmerinnen melden. Obwohl es manchmal schon deprimierend ist, kann ich die Frauen auch verstehen. Es gibt so viele Vereine und so viele Angebote. Man kann nicht überall mitmachen. Außerdem kosten die Veranstaltungen Geld, und die Frauen müssen es sich halt auch einteilen. Sie können sich nicht immer alles leisten." Selbstverständlich gibt es etliche Angebote des Frauenbundes, die sehr gut angenommen werden, wie zum Beispiel der „Kaffeehock", zu dem heuer über dreißig Frauen kamen.

Frau Hueber ist sehr kontaktfreudig und lernt gerne Menschen kennen. Sie schätzt die Montafoner Tracht und ist stolz, dass sie fast alles, was zur Tracht gehört, ihr eigen nennen darf. Mit Begeisterung trägt sie diese traditionelle Kleidung bei den sich bietenden Gelegenheiten. Ihr Lebensmotto lautet: „Nu net lugg lo" und „Vorausschauen, was es noch an Schönem zu entdecken und erleben gibt."

Elisabeth Netzer – Bäuerin und Sennerin (Silbertal)

Elisabeth Netzer, geborene Gassner, kam 1951 in Bürs auf die Welt. Sie ist das dritte von sechs Kindern und wuchs auf der Tschengla (= Gemeinde Bürserberg) auf, wo ihre Eltern einen Bauernhof bewirtschafteten. Im Jahr 1958 erkrankten zwei ihrer Brüder an Kinderlähmung. Ein Bruder starb. Der andere Bruder überlebte, jedoch blieb ein Fuß gelähmt. Von Kindheit an musste sie in der Landwirtschaft mithelfen. Nach der Pflichtschule hätte Elisabeth gerne eine Lehre gemacht, aber ihre Arbeitskraft wurde zuhause dringend benötigt, sodass sie nur saisonweise auswärts eine Stelle annahm.

Sie arbeitete im Verkauf, in einem Haushalt, im Gastgewerbe und später als Skilehrerin im nahen Skigebiet Brand. Bevor sie jedoch morgens auf die Piste ging, begleitete sie ihren Vater in den Stall, um die Tiere zu versorgen. Da im Jahr 1971 ihr ältester Bruder bei einem tragischen Arbeitsunfall auf dem Hof ums Leben kam, war Elisabeths Hilfe auf der elterlichen Landwirtschaft so gut wie unentbehrlich. Bei ihrer Tätigkeit als Skilehrerin lernte sie ihren zukünftigen Mann, Christian Netzer, kennen, der beim Lift arbeitete. Elisabeth und Christian heirateten im Herbst 1977.

Nach der Eheschließung zogen sie in ihr neugebautes Haus in Silbertal. 1978 kam ihr erster Sohn zur Welt. 1979 wurde ihr zweiter Sohn geboren, der 1980 leider an plötzlichem Kindstod verstarb. 1981 freuten sie sich über die Geburt ihres dritten Sohnes und 1985 machte die Geburt von Tochter Heidi die Familie komplett.

Obwohl der Beruf der Bäuerin nicht an oberster Stelle ihrer Wunschliste stand, entdeckte Frau Netzer 1980 ihre Leidenschaft für die Alpwirtschaft. Ihr Mann, der schon als Bub die Sommer auf der Alpe verbrachte, entfachte in ihr die Begeisterung für das Sennen. Von 1980 bis 1983 bewirtschafteten sie gemeinsam die Alpe Nova (Gemeinde Gaschurn). Als Beisennin ihres Mannes lernte sie die traditionelle Herstellung des „Montafoner Surakees" (= Sauerkäse).

Von 1984 bis 2003 waren sie in der Alpe Gafluna (Gemeinde Silbertal). Dort übernahm Frau Netzer bis 1994 die gesamte Sennarbeit, während ihr Mann die Verantwortung für das Vieh inne hatte. Das Sennen bereitete Frau Netzer große Freude, weshalb sie in zahlreichen Kursen der Landwirtschaftsschule Hohenems ihre Kenntnisse immer weiter verfeinerte.

Als es im Jahr 1990 im Ort Silbertal ein Stallgut zu pachten gab, entschlossen sich Herr und Frau Netzer dieses Gut als Pächter zu übernehmen und zu bewirtschaften. Sie erwarben sechs Kühe und Frau Netzer begann die Milch zuhause – zunächst in ihrer Waschküche –

zu verarbeiten. Die fertigen Produkte verkaufte sie im Sommer auf dem Markt und im Winter ab Hof. Die Nachfrage nach ihrem köstlichen Käse nahm ständig zu, sodass sie 1994 in ihrem Garten das „Sennhüsle" bauten. Frau Netzer hatte inzwischen soviel Kundschaft, dass sie täglich 200 Liter Milch versennte. „Was wir nicht selbst an Milch hatten, kauften wir dazu." Da sie mit der Landwirtschaft, der Milchverarbeitung und dem Verkauf sehr viel zu tun hatte, blieb sie nunmehr auch im Sommer zuhause in Silbertal und besuchte ihren Mann nur an den Wochenenden auf der Alpe Gafluna. Zu ihrer Produktpalette zählten: Surakees, Frischkäsle, Topfen, Bachsteiner, Kräuterbutter, Knoblauchbutter, Butterschmalz und Rahmkäsle. Das Sennen von Surakees beziehungsweise das Sauersennen ist eine Kunst, die neben Wissen auch viel Erfahrung braucht. „Es kommt sehr darauf an, wie man den Käse säuert und in welchen Gefäßen der Käse hergestellt wird. Auch die richtige Lagerung ist sehr wichtig."

Surakees im kühlen Lager

Einen guten Käse herzustellen, ist eine Sache, ihn zu vermarkten eine andere. Als erfolgreiche Direktvermarkterin engagierte sich Frau Netzer ehrenamtlich zehn Jahre als Vorstandsmitglied im Verein „Vom Ländle Bur" – ein Vorarlberger Verein mit 170 aktiven Direktvermarktern.

Im Jahr 2003 nahm die florierende berufliche Laufbahn von Frau und Herrn Netzer eine ungeplante Wende: Der Besitzer des Stalles verlängerte den Pachtvertrag nicht. Ein anderer Stall stand leider nicht zur Verfügung. So sahen sie sich gezwungen, die Tiere den Sommer über auf die Alpe zu bringen und das Sennen im „Sennhüsli" einzustellen, was ihnen sehr weh tat. „Nur mit gekaufter Milch weiter zu sennen, kam für uns nicht in Frage. Wir hätten dann einen Gewerbebetrieb anmelden müssen und der unterliegt ganz anderen Bestimmungen wie die Direktvermarktung."

Da sie gerne weiterhin in der Landwirtschaft tätig sein wollten, entschieden sie sich, im Herbst 2003 die Landwirtschaft des Klosters Mehrerau in Bregenz zu pachten. Ihre Kühe konnten sie dorthin mitnehmen. Zu dem landwirtschaftlichen Gut Mehrerau gehörten 70 Hektar Grund, 300 Mastschweine, davon 25 Muttersäue, 20 Pferde, zirka 35 Kühe, 45 Rinder, 15 Kälber und 50 Masttiere. Anfangs hatte Frau Netzer noch gedacht, dort sennen zu können, aber es stellte sich bald als undurchführbar heraus. Zum einen gab es keinen geeigneten Platz und zum anderen hatte sie sonst alle Hände voll zu tun. Eine besondere Herausforderung stellte die Metzgerei beziehungsweise der Fleischverkauf für sie dar. „Bei der Milch habe ich mich ausgekannt, aber beim Fleisch habe ich nicht mehr gewusst als die Durchschnittshausfrau. Immer wenn der Metzger kam, habe ich ihm Fragen gestellt und mitgeholfen, damit ich die Kunden richtig beraten konnte." Frau Netzer hat sich in kurzer Zeit alles Wissen über die einzelnen Fleischteile und deren Verwendung, die richtige Lagerhaltung von Fleisch und die Herstellung von Wurstwaren angeeignet. „Das war für mich die größte Umstellung."

Tochter Heidi unterstützte ihre Eltern, indem sie sich um die 20 Pferde kümmerte. Heidi war der Landwirtschaft immer schon sehr zugetan. Während ihre Brüder Berufe wählten, die nichts mit Landwirtschaft zu tun haben, entschied sich Heidi, eine Ausbildung zur landwirtschaftlichen Facharbeiterin an der dreijährigen Landwirtschaftsschule in Hohenems zu machen. Im Anschluss daran absolvierte sie noch ein viertes Jahr mit dem Schwerpunkt Landschaftspflege.

Familie Netzer konzentrierte sich mit voller Kraft auf ihre neue Aufgabe in der Mehrerau. Obwohl die Gerätschaft und der Stall auf dem klösterlichen Gut zum Teil veraltet waren, zogen sie recht bald eine positive Bilanz. Als große Schwierigkeit erlebte Familie Netzer die mangelhafte Abgrenzung zwischen Kloster und Landwirtschaft. So mussten die Kunden beispielsweise durch den Klostergarten gehen, um die bäuerlichen Produkte erstehen zu können, die Frau Netzer verkaufte. „Oft war der Garten so mit Tischen und Stühlen verstellt, dass man kaum durchgekommen ist." Dies führte unter anderem dazu, dass Familie Netzer nach eineinhalb Jahren aus dem Pachtvertrag ausstieg und im April 2004 wieder in ihr Haus in Silbertal zurückkehrte. Tochter Heidi sah sich durch die Erfahrungen, die sie in der Mehrerau gemacht hat, in der Landwirtschaft keine berufliche Zukunft mehr und entschloss sich, auch noch die Lehre zur Landschaftsgärtnerin zu machen. Seit dem erfolgreichen Lehrabschluss arbeitet sie nun in diesem Beruf.

Herr und Frau Netzer hatten durch Zufall erfahren, dass der Hirt der Dürrwaldalpe (= Alpe hinter der Gaflunaalpe) in die Freschalpe wechselte. „Mein Mann hat angerufen und auf der Dürrwaldalpe die Stelle als Hirt bekommen." Die Dürrwaldalpe gehört der Gemeinde Schellenberg in Liechtenstein.

Frau Netzer begleitet ihren Mann seither im Sommer auf die Dürrwaldalpe, wo 72 Rinder gesömmert werden. „Mir gefällt es, auf die Alpe zu gehen. Das Alpleben bringt Abwechslung in den Jahresrhythmus und ich arbeite gerne mit meinem Mann zusammen." Leider besteht weder in der oberen noch in der unteren Dürrwaldalpe die Gelegenheit zum Sennen. Aber auch das Hüten der Tiere bereitet Frau Netzer Freude. Ebenso das Abrichten ihres jungen Hirtenhundes „Moritz", eines reinrassigen Bergamaskers.

Ein wenig Wehmut ist dennoch zu verspüren. Was soll aus dem „Sennhüsli" werden? „Wir überlegen uns, das „Sennhüsli" zur Ferienwohnung umzubauen." Leider haben sich für die einst teuer erworbenen Geräte noch keine Käufer gefunden. In der Wintersaison arbeitet Frau Netzer im Gastgewerbe.

Elisabeth Netzer mit Tochter Heidi und Bergamaskerhund vor der unteren Dürrwaldalpe

Elisabeth Netzer ist vielseitig interessiert. Sie liebt Tätigkeiten, die mit Bewegung zu tun haben, wie Wandern, Skifahren und Tanzen, sowie Tätigkeiten, die Geschick und Kreativität verlangen, wie Handarbeiten, Nähen und Kochen. Als ihre Tochter im Volksschulalter dem Eislaufverein Montafon beitrat und ihre Begeisterung für den Eiskunstlauf entdeckte, sprang der Funke auch auf die Mutter über. Viele Jahre – bis Tochter Heidi nach dem Hauptschulabschluss ihre aktive Laufbahn in diesem Sport beendete – engagierte sich Frau Netzer im Vorstand des Eislaufvereins Montafon. Mit großer Freude begleitete sie Heidi zu diversen Wettbewerben, bei denen sie öfters auch als Platzsprecherin fungierte.

Untere Dürrwaldalpe im Silbertal

Frau Netzer hat in ihrem Leben bereits viele Arbeiten gemacht und viele Leute kennengelernt. Die Erfahrungen, die sie dabei gesammelt hat – ob gut oder schlecht – möchte sie auf keinen Fall missen. Ihr Lebensmotto ist, aus jeder Situation das Beste zu machen. Wenn sie an die Zukunft denkt, ist sie getragen von dem Wunsch, dass sie und ihre Familie noch lange gesund bleiben.

Zusammenfassende Betrachtungen und Ausblick

Legen wir unser Augenmerk auf die gelebten Werte zahlreicher Generationen von Montafonerinnen und Montafonern im Zeitraum vom 16. bis 19. Jahrhundert, dann stellen wir fest, dass ihre Werte heute auf neues Interesse stoßen. Vor dem Hintergrund von immer schneller werdenden Entwicklungsprozessen, von multikulturellen Einflüssen, von Globalisierung und religiöser Entwurzelung wächst die Sehnsucht nach Tradition, Identität, Beständigkeit, Heimat, Naturverbundenheit und spirituellem Halt – Werte, die insbesondere Frauen über die Jahrhunderte gepflegt und kultiviert haben. Durch ihre tragenden Rollen in der Landwirtschaft, in der Versorgung der Familienmitglieder mit Nahrung und Kleidung, in der Kindererziehung und Altenfürsorge, in der Alltagsmedizin und in der kirchlichen Frömmigkeit haben die Montafonerinnen Kulturgeschichte geschrieben. Eine Geschichte, die auch heute noch zu uns spricht, und zwar aus dem, was von der Alltagskultur erhalten geblieben ist (Alltags- und Gebrauchsgegenstände, Kleidungsstücke, Handarbeiten) aus dem, was an überliefertem Wissen noch vorhanden ist (Rezepturen, Bräuche, Tänze, kosmisches Wissen) und aus dem, was alte Bauten und Gegenstände (Wohngebäude, Gnadenstätten, Votivbilder) aussagen und ausstrahlen. Diese Geschichte einer kleinen geographischen Region und ihrer Bewohnerinnen vermag den modernen Menschen in der Gegenwart, Frau und Mann, neu zu inspirieren und zu bereichern.

Der Blick auf die Geschichte der Frauen im Montafon vom 16. bis zum 21. Jahrhundert zeigt ihre aktive Rolle bei der Gestaltung von gesellschaftlichen Entwicklungen auf. Sie haben sich in vielen Bereichen Verdienste erworben, die bisher vor allem mit Männern in Verbindung gebracht wurden. Denken wir beispielsweise an den Beitrag der Frauen in der Viehzucht und Milchwirtschaft, in der Tourismusentwicklung, im Gesundheits- und Pflegebereich. Diesen Beitrag der Frauen zu *sehen* bedeutet, ihnen *Ansehen* zu schenken. Das Ansehen beziehungsweise die Anerkennung und Würdigung der Montafonerinnen, ihrer Leisungen, ihrer Kraft und Ausstrahlung hat letztlich für Männer und Frauen befreiende Wirkung.

Wenn die Geschichte der Frauen im Montafon auch geographisch begrenzt und lokal geprägt ist, so kommt ihr doch überregionale Bedeutung zu. Zum einen ruft die Geschichte der Montafonerinnen den Lesern ins Bewusstsein, dass Frauen selbst unter großen Benachteiligungen und schwierigen Bedingungen fähig sind, ihr Leben zum Wohle der Gemeinschaft und der nachfolgenden Generationen zu meistern. Zum anderen macht der kleine historische und geographische Ausschnitt bewusst, dass die Geschichtsschreibung lediglich ein unvollständiges Bild der Vergangenheit zeichnet, wenn sie den Beitrag der Frauen außer acht lässt.

Literaturverzeichnis

- Barbisch, Hans: Vandans. Eine Heimatkunde aus dem Tale Montafon in Vorarlberg. Innsbruck 1922.
- Barbisch, Hans: Das Montafoner Schäppelmeiggi. In: Landesschulrat von Vorarlberg (Hg.): Vorarlberger Lesebuch, 2. Teil, Heimat und Vaterland. Dornbirn 1957, S. 307-309.
- Beitl, Klaus: Die Votivbilder der Montafoner Gnadenstätten (= Montafoner Schriftenreihe 7). Schruns 2002.
- Berger, Franz Severin und Holler, Christiane: Von der Waschfrau zum Fräulein vom Amt. Frauenarbeit durch drei Jahrhunderte. Wien 1997.
- Biedermann, Johann Baptist: Ds Gantbartlis Chrestina. In: Lingenhöle, Walter (Hg.): Muattersproch. Mundartdichtung des 19. Jahrhunderts aus Vorarlberg. Bregenz 1992.
- Biedermann, Johann Baptist: Bim Amreili. In: Lingenhöle, Walter (Hg.): Muattersproch. Mundartdichtung des 19. Jahrhunderts aus Vorarlberg. Bregenz 1992.
- Brugger, Andreas: Vom Pioniergeist zum Massensport. 100 Jahre Skisport im Montafon (= Sonderband zur Montafoner Schriftenreihe 3). Schruns 2006.
- Burmeister, Karl Heinz: Die rechtliche und soziale Stellung der Frau im Zeitalter der Aufklärung. In: Niederstätter, Alois und Scheffknecht, Wolfgang (Hg.): Hexe oder Hausfrau. Das Bild der Frau in der Geschichte Vorarlbergs. Sigmaringendorf 1991, S. 110-131.
- Dönz, Manfred: Muntafuner Wärter, Spröch und Spröchli (= Montafoner Schriftenreihe 4). Lorüns [1]2001.
- Ebenhoch, Ulrike: Die Frau in Vorarlberg 1914-1933 (= Vorarlberg in Geschichte und Gegenwart 3). Dornbirn 1986.
- Fanck, Arnold und Schneider, Hannes: Wunder des Schneeschuhs. Ein System des richtigen Skilaufens und seine Anwendung im alpinen Geländelauf. Hamburg 1926.
- Fitz, Arno: Die Frau als Motor der Vorarlberger Frühindustrialisierung. In: Niederstätter, Alois und Scheffknecht, Wolfgang (Hg.): Hexe oder Hausfrau. Das Bild der Frau in der Geschichte Vorarlbergs. Sigmaringendorf 1991, S. 132-144.

- Flaig, Hermine: Von den Anfängen der Touristik. In: Stand Montafon (Hg.): Montafoner Heimatbuch. Bregenz [2]1980, S. 357-368.

- Frauenreferat der Vorarlberger Landesregierung (Hg.): Frau sein in Vorarlberg (= Grundlagenstudie). Bregenz 1993.

- Fritz, Karl: Freveltaten am Rätikon. In: Vorarlberger Walservereinigung (Hg.): Salzgeber. Eine alpenländische Chronik (= III. Rätikon – Montafon – Schruns). Rankweil 1981, S. 28-34.

- Grabherr, Edwin: Auf dem Schrunser Markt. In: Landesschulrat von Vorarlberg (Hg.): Vorarlberger Lesebuch, 2.Teil, Heimat und Vaterland. Dornbirn 1957, S. 310-312.

- Haas, Friedl: Das Montafonerhaus und sein Stall (= Montafoner Schriftenreihe 3). Bludenz 2001.

- Hessenberger, Edith und Kasper, Michael: Lebenswelten junger Menschen im Montafon (= Montafoner Schriftenreihe 17). Schruns 2006.

- Hessenberger, Edith: Erinnerungen einer Lehrerin an das Schuljahr 1947/48. In: Andreas Rudigier (Hg.): Jahresbericht 2005 der Montafoner Museen, des Heimatschutzvereins Montafon und des Montafon Archivs. Schruns 2006. S. 51–55.

- Hofer, Martina: Montafoner Mundartwortschatz in den Gedichten des Heimatdichters Otto Borger (= Diplomarbeit zur Erlangung des Titels einer Magistra der Philosophie am Institut für Germanistik). Innsbruck 1998.

- Hueber, Bruno: Der Volkstanz im Montafon. In: Stand Montafon (Hg.): Montafoner Heimatbuch. Bregenz [2]1980, S. 269-276.

- Ilg, Karl: Landes- und Volkskunde, Geschichte, Wirtschaft und Kunst Vorarlbergs, 4 Bd. Innsbruck 1967.

- Jäger, Willigis und Grimm, Beatrice: Der Himmel in dir. München [7]2007.

- Kasper, Michael: Interview mit Frau Anna Tschanun, Gortipohl, aufgenommen am 10.07.2004. Montafon Archiv.

- Kiermayr-Egger, Gernot: Zwischen Kommen und Gehen. Zur Sozial- und Wirtschaftsgeschichte des Montafons. Schruns 1992.

- Kleiner, Viktor: Aus der Geschichte von Schruns. Gedenkblätter zur Markterhebungsfeier am 1. Juli 1928. Schruns 1928.

- Lampert, Regina: Die Schwabengängerin. Erinnerungen einer jungen Magd aus Vorarlberg 1864-1874. Zürich 1996.

- Niederstätter, Alois: Die „bayerische Knechtschaft". Vorarlberg in den Jahren 1805-1814 (= Vortrag, gehalten am 28. Mai 08 in Schruns). Quelle: www.landesarchiv.at

- Pfefferkorn, Joachim: An der Litz. In: Vorarlberger Walservereinigung (Hg.): Salzgeber. Eine alpenländische Chronik (= III. Rätikon – Montafon – Schruns). Rankweil 1981, S. 279-290.

- Rollinger, Judith und Rollinger, Robert (Hg.): Montafon 1. Mensch – Geschichte – Naturraum (= Das Montafon in Geschichte und Gegenwart 1). Schruns 2005.

- Rudigier, Andreas: Eine kleine Kulturgeschichte des Montafonertisches. In: Montafoner Museen, Heimatschutzverein und Montafon Archiv (Hg.): Jahresbericht 2005. Schruns 2006, S. 121-133.

- Rudigier, Andreas und Tschaikner, Manfred: Lukas Tschofen und Gaschurn (= Bludenzer Geschichtsblätter Heft 14 + 15). Bludenz 1993.

- Rudigier, Andreas: Interview mit Frau Sigrid Trautmann, Schruns, aufgenommen am 24.09.2002. Montafon Archiv.

- Stand Montafon (Hg.): Montafoner Heimatbuch. Bregenz ^{2}1980.

- Strasser, Peter und Rudigier, Andreas: Montafon. 1906-2006. Eine Zeitreise in Bildern. Schruns 2006.

- Tiefenthaler, Eberhard: „Ein Freud ich hab zur Schreibenskunst..." Kalligraphie an Montafoner Schulen im 18. und 19. Jahrhundert. In: Rudigier, Andreas und Strasser, Peter (Hg.): Montafon. Beiträge zur Geschichte und Gegenwart (= Bludenzer Geschichtsblätter Heft 24-26). Bludenz 1995, S. 300-313.

- Truschnegg, Brigitte: Lorüns. Dorfgeschichte in Schrift und Erzählung (= Sonderband zur Montafoner Schriftenreihe 2). Lorüns 2006.

- Truschnegg, Brigitte: Interview mit Frau Helene Batlogg, Lorüns, aufgenommen am 24.10.2003. Montafon Archiv.

- Tschaikner, Manfred: Magie und Hexerei im südlichen Vorarlberg zu Beginn der Neuzeit. Konstanz 1997.

- Vallaster, Ludwig: Die Handwerker. In: Stand Montafon (Hg.): Montafoner Heimatbuch. Bregenz ^{2}1980, S. 607-645.

- Vallaster, Ludwig: Religion und Kirche im Montafon. In: Stand Montafon (Hg.): Montafoner Heimatbuch. Bregenz ^{2}1980, S.457-473.

- Vallaster, Ludwig: Kriegsschäden. In: Stand Montafon (Hg.): Montafoner Heimatbuch. Bregenz ^{2}1980, S. 417-422.

- Vallaster, Ludwig: Heuer in Graubünden. In: Stand Montafon (Hg.): Montafoner Heimatbuch. Bregenz ^{2}1980, S. 642.

- Vallaster, Ludwig: Das Gastgewerbe. In: Stand Montafon (Hg.): Montafoner Heimatbuch. Bregenz ^{2}1980, S. 369-374.

- Varga, Lucie: Ein Tal in Vorarlberg – zwischen Vorgestern und Heute, in: Peter Schöttler (Hg.), Lucie Varga, Zeitenwende. Mentalitätshistorische Studien 1936-1939, Frankfurt am Main 1990, S. 142-169 [Original: Varga, Lucie, Dans une vallée du Vorarlberg: d'avant-hier à aujourd'hui, in: Annales d'histoire économique et sociale, 8. Jg. 1936, 1-20].

- Vonbank, Krista: Grenzland. Erzählungen aus dem Montafon. Bregenz ^{2}2006.

- Vorarlberger Landesregierung (Hg.): Vorarlberger Jungbürgerbuch. Dornbirn 1953.

- Vorarlberger Volksblatt vom 17.12.1919.

- Vorarlberger Walservereinigung (Hg.): Salzgeber. Eine alpenländische Chronik (= III. Rätikon – Montafon – Schruns). Rankweil 1981.

- Walter, Klaus: Die gewerbliche Wirtschaft. In: Stand Montafon (Hg.): Montafoner Heimatbuch. Bregenz ^{2}1980, S. 576-586.

Bildnachweis

S. 14, 15, 16, 18, 19
Schwarz-Weiß-Fotos von
Groth-Schmachtenberger, Erika <1906-1992>: [Fotosammlung]: Trachten, Trachtentänze, Teil III. – Sammlung Teil 19, 1933-1971. Quelle: www.digbib.bibliothek.uni-augsburg.de

S. 20
Montafonerin von Franz Bertle (1859);
Vorarlberger Landesmuseum, Bregenz

S. 50
Zeichnung von Friedl Haas. In: Friedl Haas: Das Montafonerhaus und sein Stall (= Montafoner Schriftenreihe 3). Bludenz 2001.

S. 80
Postkarte: „Eine schöne Montafonerin"; Silvrettaverlag O. Steiner, Schruns 1930

S. 119
Postkarte: „Die drei Hauptlandestrachten"; ohne Angabe

S. 142
Postkarte: Muttertagskarte; ohne Angabe

Alle anderen Fotos und Bilder: Christina Arnold

Der Umschlag des Buches wurde in den drei Grundfarben der Montafoner Frauentracht gestaltet – weiß – rot – schwarz. Dies sind die drei Schicksalsfarben der Frauen: Weiß steht für Binden, Rot für Halten und Schwarz für Lösen.

Namensregister

Ortsregister